社会主义核心价值体系建设
"双百"出版工程

项 目

/ **100**位

新中国成立以来感动中国人物/

华 罗 庚

姜　辣／著

★

吉林文史出版社

《100位新中国成立以来感动中国人物》丛书

★★★★★

编 委 会

前 言

　　每个人的心中都多少有一点英雄情结,都向往英雄、景仰英雄。也正因此,在中华人民共和国建国六十周年之际,由中央十一部委联合组织开展的"100位为新中国成立作出突出贡献的英雄模范人物和100位新中国成立以来感动中国人物"的评选活动中,群众参与投票总数近一亿。这其中的每一张选票,都表达了人们对英雄模范的崇敬之情,寄托着对伟大祖国的美好祝福。

　　一个民族不能没有英雄,否则这个民族就不会强大。当国家危难之时,懦弱者选择了逃避、妥协甚至投降,英雄们却挺身而出,用热血捍卫民族的尊严,人民的幸福。在创立和建设新中国的伟大历程中,涌现出无数可歌可泣的英雄模范人物。他们之中,有为了民族独立和人民解放而英勇牺牲的革命先烈,有为了党和人民的事业而不懈奋斗的优秀共产党员,有在全民族抗战中顽强奋战、为国捐躯的爱国将士,有英勇杀敌的战斗英雄和革命群众,有积极从事进步活动的著名民主爱国人士和国际友人……他们是民族的脊梁、祖国的骄傲,是激励全体人民团结奋斗的精神力量。

　　《100位新中国成立以来感动中国人物》丛书,就像一部星光璀璨的英雄谱,真实、完整地记录了英雄模范人物不平凡的一生,再现了他们非凡的人格魅力和精神世界。舍身堵枪眼的黄继光,拼命也要拿下大油田的王进喜,中国原子弹之父邓稼先,新时期领导干部的楷模孔繁森……一串串闪光的名字,一个个动人的故事,犹如群星闪烁,光耀中华。

　　当今中国正处于伟大变革的时代,迫切需要涌现出一大批勇于承担历史使命、为祖国和人民奉献一切的先进人物。在"双百"人物崇高精神的引领下,在建设社会主义现代化国家的征程中,必将英雄辈出。

生平简介

华罗庚，1910年11月12日出生于江苏金坛县。他幼时爱动脑筋，因思考问题过于专心常被同伴们戏称为"罗呆子"。初中毕业后，华罗庚曾入上海中华职业学校就读，因拿不出学费而中途退学。此后，他顽强自学，用5年时间学完了高中和大学低年级的全部数学课程。

20岁时，华罗庚以一篇论文轰动数学界，被清华大学请去工作。从1931年起，华罗庚在清华大学边工作边学习，用一年半时间学完了数学系全部课程。他自学了英文、法文、德文，在国外杂志上发表了3篇论文后，被破格任用为助教。1936年华罗庚前往英国剑桥大学。在英国的两年之中，他攻克了许多数学难题。他的一篇关于高斯的论文给他在世界上赢得了声誉。在抗日战争期间，他回到了灾难深重的祖国，在昆明的一个吊脚楼上，他写出了堆垒数论。1946年9月，华罗庚应普林斯顿大学邀请去美国讲学，并于1948年被美国伊利诺依大学聘为终身教授。

新中国成立后，华罗庚放弃在美国的优厚待遇，克服重重困难回到祖国怀抱，投身我国数学科学研究事业。1950年3月，他到达北京，随后担任了清华大学数学系主任、中科院数学所所长等职。1956年，他着手筹建中科院计算数学研究所。1958年，他担任中国科技大学副校长兼数学系主任。回国后短短的几年中，他在数学领域里的研究硕果累累：他的论文《典型域上的多元复变函数论》于1957年1月获国家自然科学一等奖，并先后出版了中文、俄文、英文版专著；1957年出版《数论导引》；1963年他和学生万哲先合写的《典型群》一书出版……

华罗庚因病左腿残疾后，走路要左腿先画一个大圆圈，右腿再迈上一小步。对于这种奇特而费力的步履，他曾幽默地戏称为"圆与切线的运动"。在逆境中，他顽强地与命运抗争，他说："我要用健全的头脑，代替不健全的双腿。"凭着这种精神，他终于从一个只有初中毕业文凭的青年成长为一代数学大师。他一生硕果累累，是中国解析数论、典型群、矩阵几何学、自导函数论等方面的研究者和创始人，其著作《堆垒素数论》更成为20世纪数学论著的经典。

由于青年时代受到过"伯乐"的知遇之恩，华罗庚对于人才的培养格外重视，他发现和培养陈景润的故事更是数学界的一段佳话。在他亲自关心和过问下，陈景润从厦门大学被调到中科院数学研究所，最终在攻克哥德巴赫猜想方面取得了世界领先的成绩。此外，万哲先、陆启铿、王元、潘承洞、段学复等人也是在华罗庚的悉心培育下成长起来的。

在从事数学理论研究的同时，华罗庚努力尝试寻找一条数学和工农业实践相结合的道路。经过一段实践，他发现数学中的统筹法和优选法是在工农业生产中能够比较普遍应用的方法，可以提高工作效率，改变工作管理面貌。于是，他一面在科技大学讲课，一面带领学生到工农业实践中去推广优选法、统筹法，为工农业生产服务。

晚年的华罗庚不顾年老体衰，仍然奔波在第一线。他还多次应邀赴欧美及香港地区讲学，先后被法国南锡大学、美国伊利诺依大学、香港中文大学授予荣誉博士学位，还于1984年以全票当选为美国科学院外籍院士。

1985年6月12日，华罗庚应邀到日本东京大学作学术报告。原定45分钟的报告在经久不息的掌声中被延长到一个多小时。当他结束讲话时，突然心脏病发作倒在讲台上。他用行动实践了自己的诺言："最大的希望就是工作到生命的最后一刻。"

1910-1985
[HUALUOGENG]

◀ 华罗庚

目 录 MULU

只有初中毕业文凭的人民数学家（代序）

1930 年的一天，在绿树成荫、幽静的清华园工字厅中算学系的老师们在他们的办公室里传阅着一本《科学》杂志，上面登有署名华罗庚的文章：《苏家驹之代数的五次方程式解法不能成立之理由》。文中巧妙地指出了苏家驹——一个大学教授的一个阶为十二的行列式计算的错误，从而推翻了整个论证。算学系主任熊庆来很惊讶，他根本不知道中国数学界中有一个华罗庚。当他后来得知这个作者只有初中毕业时，更为惊奇，顿生珍爱之情。

1931 年 8 月的一天，清华大学的校门外，一瘸一拐地走来一位 20 岁左右的年轻人：瘦弱的身体，背着简单的行囊，一脸"菜色"。这个有腿疾的年轻人就是华罗庚，他应算学系主任熊庆来的邀请，到清华谋职。熊庆来立即热情地接待了他，并安排他在算学系做了图书馆的助理。一个只有初中毕业文凭的人做助理员，已是一件破清华大学纪录的事了。一年半后，华罗庚又被破格提拔为助教并教授微积分课。再一年后，华罗庚再次被破格提拔为教员。

当华罗庚走进清华的那一天，就标志着熊庆来为中国的未来，为中国的后世子孙发现了一位数学大师。

五年后，当华罗庚以访问学者的身份去英国剑桥大学进修时，清华大学算学系图书馆的藏书都已被他读完了。

在剑桥大学，导师认为华罗庚可以在两年内获得博士学位，通常若要在剑桥大学获得博士学位，至少要四年。因为想多学点东西，多写些有意思的文章，华罗庚谢绝了。东方来的人，不稀罕剑桥大学的博士学位者，华罗庚是第一人。

华罗庚在回忆这段生活时，很风趣地说：

有人去英国，先补习英语，再听一门课，写一篇文章，然后得一个学位。我听七八门课，记了一厚叠笔记，回国后又重新整理了一遍，仔细地加以消化。在剑桥时，我写了十多篇文章。

1938 年，华罗庚放弃了可能留在英国继续做研究工作与教书的机会，迎着战火硝烟，回到了抗战的大后方云南昆明。跨过了教员、讲师、副教授，他被西南联合大学破格聘为教授。

即使大学毕业，要升为教授，至少也要 15 年时间。是华罗庚的天赋极高么？华罗庚从来不认为自己是天才。"弄斧必到班门"，正是这种敢于和高手过招的拼搏精神，才成就了一代大师的梦想。然而，如果没有那些"不拘一格降人才"的无私伯乐们的慧眼，天才的成长之路也不会平坦。

1979 年，华罗庚接受了法国南锡大学颁发的荣誉博士学位。直到这个时候他才有了比"金坛初中毕业"更高的学衔。

"人们都说音乐美，我觉得数学比音乐美得多。"也许正是这份对数学之美的如饥似渴的追求，让没有受过初中以上正规教育的华罗庚，成为了享誉中外的数学家。

《100 位新中国成立以来感动中国人物——华罗庚》是由华罗庚的学生、中国科学院院士、著名数学家王元老师，委托吉林文史出版社将其所著的《华罗庚》一书重新编辑整理出版而成。

金坛诞生地

→ 可爱的家乡

金坛，位于江苏省西南部，素有"鱼米之乡"、"江东福地"的美称。金坛历史悠久，人文荟萃，世界著名数学家华罗庚就诞生在这里。

华罗庚的父亲叫华瑞栋，号祥发，人称华老祥。原为江苏省丹阳县舫仙桥人，后来搬到金坛定居。华罗庚的母亲叫巢性清，她是江苏省武进县孟河镇人，笃信佛教。华老祥13岁时就开始做学徒，学做生意，非常精明能干。后来，自己筹资金开了一个小店。赚得钱后，又开了一个中等规模的店，最后则开了一家大店。有了钱之后，华老祥逐渐放松了对生意的经营，更兼运气不佳，一场大火把大店烧个精光。由于经营不善，中店也倒闭了，只剩下一个小店。

小店"乾生泰"，坐落在金坛清河桥之东。"乾生泰"实际上是一个代销店，主要卖棉花，从中拿点佣金。华老祥还在另一个代销店恒泰丝行做点事。华老祥很精明，只要用手摸一下生丝与棉花，就知道它们属于什么等级，值多少钱一斤。"乾生泰"这个店还兼卖一点日用杂货，如棉线、火柴、蜡烛、香、香烟之类的小东西。买东西的人很穷，据华罗庚回忆："来我们家小店买香烟的人很穷，常常每次只买一支烟，还要借用店里的香来点一下火。"包括房产在内，"乾生泰"的资金约500元。

华老祥家遭到火灾之后，他变得悲观，也更加迷信。华罗庚的母亲常年患病，婚后十多年还没有生育，直到近40岁才生下一女，叫华莲青。华罗庚是在1910年11

月12日，他父亲40岁时出生的。说来也巧，这一天正好是孙中山的生日。若按农历算，就是庚戌年10月11日，又恰与秋瑾同一生日。华老祥老来得子很高兴，曾说过："放进箩筐避邪，同根百岁，就叫箩根吧。"原来华老祥最担心他的独生儿养不大，中途夭折。据说放进箩筐可以生根，容易养活。"箩"字去掉"竹"字头是"罗"，"根"与"庚"同音，那年又是庚戌年，就用了"庚"字。这就是华罗庚名字的来历，这也包含了他父亲对他的良好祝愿。家里人与乡里人还亲热地称华罗庚为"罗罗"。

华老祥家虽贫寒，但对他的独生子华罗庚却相当溺爱。那时人们喜欢玩纸牌，大人们只顾兴致勃勃地玩，没有人去理会华罗庚。他不高兴了，就去阻止他的妈妈出牌。阻止不住时，索性爬到桌子上对着大家撒泡尿，把纸牌冲走了。像他这样胡闹，竟没有人管他，可见他在家里不仅受宠，还有点霸气呢！华罗庚小时候说话不清，行动不灵，寡言少欢，乡里人给他取了一个绰号"罗呆子"，而且常常彼此在背后议论道："华老祥家的'罗呆子'长大了不会有出息的。"

灯节，船会，凡是热闹的地方都是华罗庚喜欢去的地方。玩累了，他就躺在野地里或菜地里睡觉，急得家里的人到处找他，到处寻问他的下落。乡里人总是这样回答华家的人："放心吧！你家的罗罗丢不了，会回来的。"有时在菜地里找到了正在睡觉的华罗庚，有时他玩累了，自己回家了。

华罗庚特别喜欢地方上流动的戏班子唱戏。他不但全神贯注地看戏，当戏班子离开金坛时，他也跟着戏班子一起走，到了别的地方，接着再看演出。

其实华罗庚是个很肯动脑子的孩子。有一次他跟虞寿勋一起出城去玩，见到一座荒坟，坟旁有石人石马。华罗庚问虞寿勋："这些石人石马各有多重？"虞说："这怎么能知道呢？"华罗庚颇不甘心，沉思着说："以后总有方法知道的。"

华罗庚的小学是在金坛仁劬小学度过的。因成绩不好，他没有拿到毕业证书，只拿到一张修业证书。在华罗庚念完小学的时候，金坛还没有初级中学。那时，金坛有一个知识分子，叫韩大受，有志于在家乡办教育事业。经他的努力，终于办了一个初级中学，名叫金坛县立初级中学，简称金坛初中，韩大受就是第一任校长。该校1922年创办那年，华罗庚刚巧小学毕业。于是幸运地进了这个初中，成为第一班的一个学生。

刚进入初一的华罗庚，童心未脱，十分贪玩。第一学期，华罗庚的数学不及格。校长韩大受就教育他要珍惜来之不易的学习机会。从此华罗庚发愤努力，成为名列前茅的好学生。

华罗庚在初中时的数学老师叫李月波。1897年生，毕业于苏州工专。金坛初中成立时，他即来校执教。李月波书教得很好，但他并不欣赏华罗庚的数学才能，每次考试只给他六十几分。华罗庚在初中一年级时，数学是经过补考才及格的。他在回忆这件事时说："并不是我曾冒犯了我的老师，从而老师故意不给我及格，而是小时候太贪玩了，未好好学习，再加上试卷写得很潦草，所以这是怪不得老师的。"经过这次教训，从初二开始，华罗庚就知道用功了，学习成绩颇为出众，以至逢到考试题目较容易时，李月波就把华罗庚拉过一边，悄悄跟他说："今天题目太容易，你上街去玩吧！"华罗庚很感谢他的启蒙老师李月波。在他去清华大学，直到在英国留学，每次与韩大受校长通信，都要他代向李月波老师问好。有一次他在信上说：

月波老师是一位难得的好教师，是他引导和培养了我对数学的兴趣，是他为我在初中三年打好了数学基础，使我以后得以自学数学，并成为我一生为之追求和奋斗的目标，我很感谢他。

除数学外，华罗庚对国文的学习也很用心。

据说他的国文老师曾出过一个作文题目"周公诛管蔡论"。按史书记载，周武王去世时，成王还年幼，由周公旦摄政。管叔、蔡叔不服，连同武庚一起叛乱，结果被周公平定了，管叔伏诛，蔡叔被放逐。按传统维护君王统治的观点，应该歌颂周公诛管、蔡，平定叛乱。但华罗庚的文章却说，可能周公自己想造反，而管、蔡看出了他的意图，所以周公才杀人灭口。周公既然用维护周室的名义来诛管、蔡，他做了这件事，也就不能再谋反了。这种写法，国文教师自然是不能接受的。

又有一天早晨，全校师生一律穿着短装早操。华罗庚姗姗来迟。那天，他穿的是一件长袍，外面罩着一件短马褂。这时他不慌不忙地将长袍拎起，将下襟塞进马褂里面，于是长袍变成了短装，华罗庚加入了早操的行列。早操之后，他将马褂下面一挪动，长袍又"原形毕露"了，于是，他斯斯文文地走进了教室。当时，韩大受校长看在眼里，显出无可奈何的样子，而同学们则笑称"罗呆子"真有办法呢。

总之，华罗庚的行径怪僻，不被常人理解。但金坛中学毕竟有赏识他的人，这个人就是王维克。虽然华罗庚的数学习题本写得很不工整，而且经常涂改，但王维克仔细阅读后，发现华罗庚在不断地改进与简化自己的数学习题解法。他认为华罗庚是一个肯思考而且有新意的学生，从此便注意与培养华罗庚。可惜王维克只在金坛初中教了一年书，即华罗庚念初三的那一年。以后王维克便去法国留学了。王维克对华罗庚的真正影响还是在华罗庚辍学之后。

→ # 上海求学

★ ★ ★ ★ ★

　　华老祥何尝不想让他的独生子走上"学而优则仕"的宦途，无奈家里太穷，供养不起华罗庚到省城里去继续念高中。这时有个亲戚向华老祥提供这样一个信息：上海有一所黄炎培与江问渔创办的中华职业学校。黄炎培与江问渔都是当年极力提倡职业教育救国的名教育家，以他们为首组织了一个"职业教育派"团体。他们认为中国积弱，受到列强欺侮，就在于工业不发达，科学技术落后，不能与人竞争。他们首倡并创办职业补习学校，以招收清寒子弟，授予职业训练，培育科技人才。当时登报招收青年学生，只要初中毕业即可报考，甚至可以全部免交学费。

　　何不让华罗庚进中华职业学校去学习？一则职业学校收费较平，二则在职业学校可以学到一技之长，将来也有个谋生之道。华老祥考虑再三，终于决定让华罗庚进这所学校。经过考试，华罗庚进了这所学校的商科。

　　在中华职业学校时，华罗庚已对数学产生了兴趣。一次数学老师在教学生做某种类型的数学习题。大概是已知一个图形，设为长方形，欲从中挖去一些已知的图形，如长方形、三角形、菱形、梯形等，求剩下的图形的面积。这位老师教的方法是先算出欲挖去的各已知图形的面积，再将它们加起来；最后用已知的长方形的面积减去它，即得剩下图形的面积。这虽然是一个普遍适用的方法，但有时直接计算剩下部分的面积会更快些。华罗庚即按这种办法做了一些习题，这引起了这位老师的不满。老师在发还习题本时，先发还习题做得好的学生的习题本，再发还习题有些错误的学生的习题本，最后发华罗庚的习题本，并说："你是怎么做的，最后答数倒凑对了！"华罗庚回答说："我的做法是有道理的。"他将做法一一讲述，既简单又清楚，老师与同学们听后都信服了。

在上海期间，有一件值得记述的事，即华罗庚曾获得上海市珠算比赛第一名，也可以说华罗庚是中国的第一届数学竞赛冠军。参加这次比赛的人，大多数都是银行职员与钱庄伙计，他们每天都在打算盘，可以说是熟练如流了。华罗庚在帮助家里料理小店时，虽然也会打算盘，但毕竟不能跟这些高手比。怎么办呢？不能力胜，只能智取！他对传统的打算盘方法进行了分析：加减法已无法再简化，但乘法还可以简化。普通乘法总是"留头法"或"留尾法"，即先将"乘数"打上算盘，再用"被乘数"去乘，每用"乘数"的一位数乘"被乘数"，则在"乘数"中将该位数去掉，将"乘数"都去完了，即得最后答案。华罗庚考虑到何不干脆直接将每次乘出的答数逐次加到算盘上去呢？这样就省掉了将"乘数"打上算盘的时间。例如 35×7，先在算盘上打上 $3 \times 7 = 21$，再退一位，加上 $5 \times 7 = 35$，立即得245，共两步即得。对于除法，也可以同样化为逐步相减来做，省的时间就更多了。就凭了这么一点点智慧，再加上华罗庚很擅长心算，他就压倒了那些只凭手熟的高手。

在中华职业学校期间，使华罗庚难忘的是英文老师邹韬奋，当时他兼任中华职业学校英文教员。邹韬奋的英文课是罚站教学法。他很喜欢向学生提问，第一次答不出来，就在原座位罚站；第二次答不上来就到讲台前罚站；第三次再答不上来，就要在讲台前面墙罚站了。这样做虽然可怕，可也真灵，学生就很用功了。华罗庚在自己的座位上罚站是有过的，但没有在讲台前罚过站。他在全班的英文成绩是第二名。

在50年代初，华罗庚自己当上了指导老师。他在班上也经常提问学生，答不上来就被罚站在黑板前，继续思考，这叫做"挂黑板"。华罗庚说："当你被挂黑板时，你一定会把你不明白的东西弄清楚的，而且会深深地印在你的脑子里。"不少经过华罗庚训练的学生都得益匪浅。华罗庚的教学法来自他自己的老师邹韬奋。

华罗庚的父亲华老祥除维持一家四口人的生活外，家里还住有几个侄儿与侄女，他要一直到帮助他们结婚成家为止，因此家境就愈益窘困了。华罗庚在中华职业学校，虽然免了学费，但杂费、食宿费一个学期还需50元，家里拿不出这点钱来。华罗庚又想在上海找个小事做，亦未成。最后，他只好放弃还差一学期就毕业的机会，辍学回金坛，帮助其父经营"乾生泰"小店。

→ 奋发自学

★★★★★

华罗庚在上海待了一年，于1927年回到了金坛。据韩大受的文章称，华罗庚还曾考取江苏省立第二工业学校，简称"苏工"。上学一段时间，又辍学回金坛。华罗庚辍学之后，对数学产生了强烈的兴趣，而且也懂得用功读书了。可怜的是他只有一本《大代数》、一本《解析几何》及一本50页的《微积分》。有一种说法，这点书也还是从王维克那里借来摘抄的。没有书也有好处，促使华罗庚养成遇到疑难就动脑子想的习惯。除此而外，华罗庚还把仅有的一点点零用钱积攒起来，购买《学艺》与《科学》两本杂志来阅读。

隔着河，"乾生泰"的对面是晋康布店，布店的人常说："罗庚经常坐在他那间屋里的方桌旁，目不斜视地阅读书籍，手上还秉笔涂写。河内船只往来嘈杂之声，罗庚充

△ 17岁时的华罗庚

耳不闻。"晋康布店的人还认为华罗庚患有痴呆病呢!大家在背后谈话中提到的"书呆子",指的就是华罗庚。

"乾生泰"隔着河还有一家豆腐店,每当天还没有亮,豆腐店的主人起来磨豆腐的时候,就发现华罗庚已经点着油灯在看书了。伏天的晚上,他很少到外面去乘凉,而是在蚊子嗡嗡叫的小店里学习。严冬,他常常把砚台放在脚炉上,一边磨墨,一边用毛笔蘸着墨汁做习题。店里包棉花的纸上亦写满了他做习题的字迹。每逢年节,华罗庚也不去亲戚家里串门,即使去了,也是匆匆返回。回家之后,他总要向爸爸妈妈抱怨浪费了他的读书时间。

白天,华罗庚就帮助父亲在小杂货店里干活与站柜台。顾客来了,帮助父亲做生意,打算盘、记账。顾客走了,就又埋头看书或演算习题。有时入了迷,竟忘记了接待顾客。每逢遇到怠慢顾客的事情发生,华罗庚的母亲总是苦口婆心地劝说:"罗罗呀!我们是穿木裙子(指柜台)的命,不是书香门第的斯文人,你还是省些灯油,顾顾吃饭的事吧!"华老祥则是又气又急，大骂华罗庚念书念"呆"了。华老祥一心要华罗庚把小店经营好，将来衣食能有个依托，他一点也不能理解儿子的兴趣与进取心。父子间的冲突在升级。有时，父亲气极了，干脆把华罗庚演算的一大堆草稿纸拿来就撕，撕完掷到街上。听说，华家的邻居有一个好心的女孩子，每次都将这些纸收拾起来，再偷偷地还给华罗庚。有时，华老祥甚至把华罗庚的算草纸往火炉里掷。每逢遇到这种情况，华罗庚总是拼命地抱住他视之如命的算草纸，不让父亲抢走烧掉。一但被抢走了，他就心如刀割，有时甚至昏倒休克过去。他的家乡人还传说：有一次华罗庚家的隔壁失火了，他拼命跑到自己家的阁楼上去抢他的算草纸与书籍，把大家都急坏了，不要命了吗？

华罗庚的志气与行径，几乎没有人能理解，觉得他很"呆"。有些去省城念书的有钱人家子弟，甚至在背后讥笑他，说什么"罗呆子"到书里去找"黄金屋"与"颜如玉"呢。

世界上的事情往往是这样的，阻力愈大，反阻力也愈大；困难愈多，克服困难的决心也愈坚。1985 年 2 月 2 日，华罗庚去黄河游览区参观后题词：

人说不到黄河心不死，我说到了黄河志更高。

这正是他长期与命运斗争的决心表露。华罗庚承受了常人难以设想的困难与阻力，不断前进，这倒反而锻炼了他。没有时间，他养成了早起，善于利用零碎时间，善于心算的习惯。没有书，他养成了勤于动手、勤于独立思考的习惯。这种习惯一直保持到他的晚年。

据说有两件事促使华老祥不再干涉华罗庚念"天书"了。一次，华老祥在茶馆喝茶，忽然一颗牙齿掉了下来。"牙齿"与"伢子"谐音。迷信的华老祥害怕了，莫不是独生子华罗庚保不住啦？这孩子要是真死了，谁来传宗接代呢？谁又来养老送终呢？从此华老祥再也不去烧儿子的"天书"了。由他去吧！有个傻儿子总比没有强吧！

另一件事发生在收蚕丝的大忙季节。"乾生泰"白天收购，晚上算账。有一天晚上，管账的人突然发现账里少了一千多元。如果弄不清账，不但店铺明天开不了张，就是把整个"乾生泰"赔掉也赔不起呀！大家正在急得不可开交时，华罗庚说："我来帮你们算算吧！"华老祥根本不相信自己的儿子有这个本事，抱着死马当成活马医的心情，把账本交给华罗庚。他将结果算出来了，账是对的，一文不差，而是华老祥的伙计们把账算错了。这件事使华老祥信服了：儿子读的"天书"是有用的。从此，他就放松了对华罗庚读"天书"的干预。

1927 年，华罗庚与金坛吴筱元女士结婚。吴筱元的父亲曾就读于保定军官学校，在她 5 岁时不幸去世。在她结婚时，她的家境比华罗庚家更贫穷。金坛华罗庚纪念馆里还保留了他们结婚时用的全部家具。有一张带有挂蚊帐架子的木床，两个木箱子，一张方桌，一个梳妆台，现在都已经褪了漆。当年应该是上了漆的。吴筱元的学历是金坛成中女子小学毕业，跟华莲青是同学。1928 年，他们有了一个女儿，叫华顺。1931 年有了第二个孩子，是个儿子，叫华俊东。

吴筱元虽然读书不多，但很达理，很有家教，廉洁奉公。在华罗庚成名后，她若单独外出，仍乘公共汽车，从来不坐公家配给华罗庚的专用小汽车。她在中国数学界中是受到尊敬的。吴筱元端庄漂亮，是一个中国贤妻良母型的女子。她将一生奉献给丈夫与子女，至少跟华罗庚一起度过了 20 年穷苦日子。在他们的教育下，他们的 6 个子女都知书达理，很有教养。

王维克回乡了，见到他曾经赏识过的学生华罗庚，与昔日相比，已经大有长进了。不仅数学，国文也很有进步。1929 年，王维克把华罗庚找回金坛初中任会计兼庶务。其实那时的金坛初中小得很，只有三个班，两个教室，初二、初三并在一起上课。老师对初三学生上半个钟头课，就叫大家做习题，再给初二学生接着讲课。而华罗庚的工作，也包括打铃、打扫卫生等。华罗庚每月的工资为 18 元大洋。这对华罗庚无疑是雪中送炭。全家都深感庆幸,喜出望外。

见到华罗庚的长进,王维克想提拔他一下,准备叫华罗庚担任金坛初中的初一补习班的数学教员。刚有一个计划,金坛县不幸发生了流行性瘟疫,大概是伤寒症。华罗庚从农历腊月送灶王爷上天那一天起直到次年端午节,历时半年,卧病于床。在华罗庚得病一年前,他的母亲已染上了病,不久即过世。她的身体本来就很虚弱,在华罗庚未成年时,就由于俗称的流血病,大概是子宫癌,而长期卧床。医生曾断言发着高烧、昏迷不醒的华罗庚是无救了。医生说:"不用下药了,他想吃什么,就给他吃点什么吧!"无奈之中,家里人只好按原来的中药方,再给他服下几副药。华罗庚竟然意外地得救了!这无疑与吴筱元对他的精心照顾有关。病虽痊愈,但华罗庚的左腿残废了。实际上,他的腿是可以不坏的。现在都晓得:如果生病睡在床上睡久了,不翻身,就会发生肌肉组织坏死。所以不管痛与不痛,都要翻几个身。那时候,华老祥家既请不起医生,也没有人告诉他们这个常识。从此华罗庚走起路来要左腿先画一个大圆圈,右腿再跨上一小步,他曾幽默地戏称为"圆与切线的运动"。

华罗庚腿的残疾无疑也促使他更加坚定了攻读数学的决心。否则他对人生道路,也许还会另做选择。

华罗庚的第一篇论文是《Sturm 氏定理的研究》,它发表于 1929 年 12 月出版的上海《科学》14 卷 14 期。

那时,上海还有一个杂志《学艺》。在其 1926 年 7 卷 10 期上发表了一篇苏家驹的论文《代数的五次方程式之解法》(以下简称"苏文")。这篇文章发表之后,颇引起震惊,但也有水平高的人看出有破绽,其中之一便是熊庆来。大概他们无意亲自写文章来反驳,但亦颇有"骨鲠在喉,不吐不快"之感。正在这时见到 1930 年 12 月出版的《科学》15 卷 2 期上发表的华罗庚的文章《苏家驹之代数的五次方程式解法不能成立之理由》(以下简称"华文")。

这篇文章不仅是对"苏文"的否定,也是对华罗庚自己的结果《代数的六次方程式之解法》的否定。这就使人感觉到华罗庚的严谨治学风格,再加上他的虚怀若谷的谦逊的"序言",华罗庚很受熊庆来、杨武之等老一辈数学家的赞赏。这一点也许比"华文"本身更为重要。

"华文"对华罗庚的个人命运具有决定性。他于该文发表后的第二年,即1931年,被熊庆来调到清华大学数学系任助理员,从此踏上了一条通往大数学家的征途。

清华大学

从"半时助理"到助教

★★★★★

初建于 1911 年的清华学校是一所留美预备学校，谈不上学术水准。1928 年改制为清华大学。借美国退回的"庚子赔款"之助，聘请留学返国的名家为教授，学术上突飞猛进。1930 年兴办我国第一所研究院时，已俨然成为中国自然科学的最高学府了。

"庚子赔款"是 1900 年八国联军入侵，在屈辱的《辛丑条约》中规定我国向列强的赔款。

熊庆来于 1928 年任清华大学算学系主任后，在他的策划下，力倡研究工作，罗致人才。优秀数学家杨武之、曾远荣、胡坤升、赵访熊先后受聘来校执教。他还有计划地培养青年数学家，购买图书杂志，气象为之一新。

算学系的老师们在他们的办公室里传阅着一本《科学》杂志，上面登有华罗庚的文章《苏家驹之代数的五次方程式解法不能成立之理由》。由该文得知华罗庚已知道阿贝尔理论与伽罗华（E·Galois）理论。从这个理论出发，立即知道"苏文"是错误的。但华罗庚不这样做，而是具体找出"苏文"中一个阶为 12 的行列式的计算错误，从而推翻了整个论证。华罗庚的文章在书写上亦显示出他的虚怀若谷。真是无巧不成书，教员唐培经是金坛人，他知道华罗庚这个人，彼此通过信，但从未曾见过面。唐培经即刻写信去家乡询问，了解到了华罗庚的详细情况的。唐培经立即向熊庆来报告，华罗庚刻苦自学数学，已经钻研得很深，为他大力举荐。并告诉熊庆来，华罗庚的处境颇困难。当熊庆来、杨武之等得知华罗庚只是一个初中毕业生，更为惊奇，愈加珍爱。系里的 7 位先生都赞成把华罗庚调来清华工作与培养。于是熊庆来征得当时的理学院院长叶企荪的同意，聘华罗庚来清华工作。

熊庆来嫌写信太慢，特地要唐培经拍了一个电报给华罗庚。在往返的书信中，熊庆来要华罗庚约定来北京的火车车次与时间，并寄一张照片到清华来，以便学校派人到车站接他。1931 年 8 月，载着华罗庚的火车到达北京车站。接华罗庚的唐培经挤在火车站的出口外，手里拿着一张照片，对着熙熙攘攘的旅客寻找着照片上的面孔。都不是的，怎么办？直到最后才看见一个跛足青年，背着简单的行李，慢慢地走了出来。用照片一对，喜出望外，正是自己要接的人。

华罗庚到达清华后，熊庆来立即热情地接待了他。虽然这是一个面有"菜色"，身体瘦弱，并患有严重腿疾的青年。但华罗庚才思敏捷，对答若素。熊庆来心中喜悦："一匹千里马。"熊庆来曾说过："华罗庚他日将为异军突起之科学明星！"

第一个难题来了，给华罗庚一个什么职务？最理想的是给他当一名助教。这对于华罗庚得到进一步的培养与深造是最为有利的。但这根本做不到。以他低下的初中毕业学历，在金坛县中做一个初一补习班数学教员，尚且困难，何况在全国最高学府当助教！即使在学校当助理员也有困难，这起码要高中毕业。熊庆来早就成竹在胸了，给他在数学系里安排做个助理员。他的工作就是整理图书资料、收发文件、代领文具、绘制图表、通知开会等杂务。工作很轻，在工作之余，可以去听课与自修。那时，助教的工资是每月 80 元，研究生的津贴为每月 30 元，华罗庚的工资为每月 40 元。其实华罗庚当时的职务只相当于变相的工友或略高于工友。

华罗庚的办公处就安排在熊庆来的办公室外面。谁去找熊庆来，都会碰见他。华罗庚是个很风趣的人。大家见熊庆来，也跟他谈谈，蛮有意思的。这样大家就很快地跟华罗庚熟了起来。华罗庚不仅有数学系的朋友，也有系外的朋友。周培源就住在华罗庚的办公室对面，彼此交情颇深。华罗庚很快地成了系里的中心人物。他十分活跃，凡数学讨论、系内人事，他无不参与。徐贤修曾回忆他在 1931 年初次见到华罗庚时的情景：徐贤修在清华园的第一个交谈的人就是华罗庚。二人谈得颇投机。徐贤修问："你是不是这里的教授？"

华罗庚答："不是。"又问："是不是学生或研究生？"答："不是。"再问："是不是管系务的先生呢？"答："也不是。"华罗庚风趣地说："我是这里的'半时助理'。"他解释说："大学毕业的当助教，高中毕业的当助理，我只是初中毕业，所以当个半时助理。"徐贤修听后很吃惊，也赞叹这种别开生面、为才能卓绝的青年想出来的一条道路。从此，他们二人成为很要好的朋友。

几十年后，当华罗庚回忆起他当助理员的生涯时说："我去清华时，系里的图书散满在小屋子里的地上，乱七八糟。我把它们一本本地整理好，归类放好。我只要闭着眼睛一摸，就知道哪本书放在哪里。"那时，华罗庚很穷，只是单身在清华园，家属仍留在金坛。"每当我寒暑假回家乡探亲时，熊庆来先生总是依依不舍，他生怕我嫌钱少不肯再回来。他哪里知道，清华给我的钱比金坛初中给的钱优厚多了，清华对我来说是求之不得的。"华罗庚沉浸于非常甜蜜的回忆之中。

华罗庚初到清华时，英文不好。熊庆来虽认为华罗庚是可造就之才，但对他的实际数学水平却估计得偏低了。他对华罗庚说："你可以先去听听解析几何与微积分课，等有了相当基础之后，再到我的算学分析班来旁听。"华罗庚一听此言，颇不以为然，不过他没有说出来。因为他对解析几何与微积分早就学过了，颇不愿意浪费自己的时间再去听这两门课，所以华罗庚既未去听解析几何与微积分，也没有去听熊庆来的算学分析课。后来他对人说："当时解析几何，对我来说太浅近了，即使是熊先生的分析班，我也可以听懂。不过当时因为初到学校，新的环境，新的人事，有些话是不便直说的。"人家问他："你当时的数学程度究竟有多高？"华罗庚说："有些问题已经了解到如算学系三、四年级时的程度，有些地方则尚差一点。"不到一个月，熊庆来就发现华罗庚不但不必去听解析几何与微积分课，即使对算学分析亦有一定了解。熊庆来毕竟是当代的伯乐，他纠正了自己的做法，叫华罗庚到自己算学分析班上来听课。不但如此，熊庆来在备课遇到疑难或他在做不出习题时，就在办公室里叫道："华先生，请过来一下，看看这个题目怎么做！"熊庆来在他的著作《高等算学分析》的"序言"里，写有感谢他当时的助手华罗庚的话。

1933年，在华罗庚到达清华大学一年半之后，他的才能已被大家认识。系里想让他教微积分，但这一关非常难通过。为什么呢？没有资格啊！让一个只有初中毕业文凭的人做助理员，已是一件破清华大学"纪录"的事，岂

△ 左起王维克、唐培经、熊庆来

可再做堂堂清华大学的助教！助理员是职工系统，要调到教员系统，几乎是不可能之事。清华大学特别为此开了一个会，赞成提拔华罗庚为助教的人与不赞成者意见分歧，各执一词。郑桐荪建议并力主破格提拔华罗庚。算学系代理主任杨武之很赞成此议。叶企荪拍案而起，作出最后决定，他说："清华出了个华罗庚是一件好事，不要被资格所限定。"

这样，华罗庚就第二次破清华大学的"纪录"，破格地被提拔为助教并教授微积分课。

华罗庚来清华大学前，共发表过 6 篇文章，都是在《科学》上发表的。除前面说过的两篇外，1931 年还发表了 4 篇文章，分别属于三角、初等函数与积分，都是初等数学方面的习作。华罗庚到清华之后，眼界大开。他告别了过去这种初级水平的研究，如饥似渴地致力于对高等数学的学习。华罗庚在 1932 年与 1933 年这两年中没有发表论文。

华罗庚听了杨武之开的群论课，并跟杨武之学习数论，即用初等方法来研究堆垒数论问题。当时狄克逊学派已经逐渐衰落。杨武之支持华罗庚学习与研究哈代 (G. H. Hardy) 与李特伍德 (J. E·Littlewood) 的堆垒数论崭新的分析方法——圆法。华罗庚也研究一点分析与线性代数问题。华罗庚很感谢杨武之对他研究数论的启蒙与指导。他不仅在论文上写有感谢杨武之之语，1934 年，他写信给在德国的杨武之，信上说："古人云，生我者父母，知我者鲍叔。我之鲍叔乃杨师也。"

1934 年，华罗庚又开始在数学杂志上发表论文了。这一年，他共发表了 8 篇论文。除两篇在国内发表外，有 6 篇在国外数学杂志上发表，其中 5 篇登在日本《东北数学杂志》上面。这 8 篇文章为数论 5 篇，代数 2 篇，分析 1 篇。

1935 年，华罗庚共发表了 7 篇论文，其中 5 篇数论，2 篇代数，除 1 篇在《清华大学理科报告》上发表外，其余均在国外的杂志上发表，其中 5 篇登在日本《东北数学杂志》上，1 篇文章发表在德国《数学年鉴》(Mathematische Annalen) 上面。那时，《数学年鉴》被认为是世界上最重要的数学杂志。当华罗庚得知《数学年鉴》接受了他的论文时，心中很激动。他是一个外向型性格的人，他并不"谦虚"，而是在科学馆前，将这一喜讯告诉了大家。

1936 年，华罗庚又发表了 6 篇论文，其中 4 篇数论，2 篇分析。除 1 篇外，均在国外数学杂志上发表。华罗庚继续保持了很高产的势头。

除了学习数学之外，华罗庚还学习英语、德语与法语。来清华前，他的英文是不行的。至 1934 年，华罗庚不仅能看英文的数学书，而且可以用英文写论文在国外发表。他学习英文的方法也很特别。他回忆初来清华时说："我的英文程度也许还在初中阶段，但我读外文书时，多半用猜测方式去了解。我正在阅读时，怕影响注意力，暂不翻字典，全篇读完之后，再翻阅英汉字典，结果发觉自己都猜对了。后来读得多了，就完全用猜想法，也就不再查字典了，可以一直阅读下去。"

来清华五年之后，华罗庚已经跟他过去的初等数学研究告别了。他的研究向上跨了一个台阶。那时候，中国的科学还相当落后。近代数学的研究可以说还处于刚刚起步的阶段。中国人写的论文，在国外杂志发表者寥若晨星。

华罗庚每年能够发表那么多文章，一时间声名鹊起，令同行佩服。

→ "一二·九"

★★★★★

华罗庚从小就很有爱国心与正义感，向往自由民主。据他的好友与同乡王时风回忆："继九·一八事变之后，北平的学生开展了抗日救亡运动，其势如地下火汹涌喷突。当时，他对于清华园的进步学生，是心识其人的。他曾对我说：你们系里某人某人都是好人。1935年，他也不甘寂寞了，暑假回乡期间成为一个小小读书会的发起人之一。这年冬一二·九运动爆发。那天黎明时分，罗庚同志也特别起得早。他夹着一本厚厚的数学书，随从游行示威队伍到校门，目送同学逆朔风、踏积雪前进。"

根据原国家科委教育委员会副主任、清华大学副校长李寿慈回忆：

1935年秋，我进入清华工学院学习。我与华罗庚有同乡关系，两家还是通家世好，他也是我父亲的学生。我们彼此关系很密切。我一到故都北平就感到时局动荡。日寇侵略，步步逼紧；冀东"自治"、北平已处危境。我心里十分惶恐：北平究竟能支持多久？一时心境十分苦闷，深悔北平之行。我把这个困惑向罗庚透露，接着我们之间曾有一次对话。

罗庚问："你记得我们苏南有一位乡贤叫顾亭林的吗？"我说："怎么不记得？历史课讲过，不就是《日知录》的作者昆山顾炎武吗？"他笑着问："不错！但你还记得他有一句流传很广的名言吗？"我回答说："不就是'天下兴亡，匹夫有责'吗?"他高兴地说:"对了!就是'天下兴亡,匹夫有责'啊!"接着他说:"今天北平十分危险,这是事实。但我们国家整个都处在危险之中。因为日本佬想并吞全中国,并不满足于北平甚至华北。今天平津危急,在政府的不抵抗政策下,明天也可能南京危急。从你个人来说,读书是大事,但就全国来说,民众奋起救亡,才是大事啊!今天我们大家要多多体味顾亭林的名言,首先要在救亡图存方面多做些工作,要做到读书不忘救国才好!"他这一席话,给我启发很大。罗庚用前人的名言打动了我,促使我走上抗日救亡之路。在这一点上,他也正是我的启蒙老师啊!

△ 20世纪30年代的华罗庚

约在一二·九运动爆发前一个月,清华学生救国会拟了一篇宣言,请同学们签名。一位叫洪绥曾的同学,写得一手好毛笔字,负责把宣言稿抄成海报形式。宣言内容感人,许多同学纷纷挤上去签名。轮到我时,领衔处还是空的,洪绥曾劝我说,就在这里签吧!我心情很激动,毫不思索地把我的学名李镇签上了。

不久,罗庚到我宿舍找我,轻轻地招呼我到他那里去玩。那时他住在三院平房里,一人一间,比较安静。我们坐下来后,他说:"那张海报宣言我看到了,内容很好,我赞成。你敢于在领衔处签名,很有勇气,这很好。"隔了一会儿,他又沉重地说:"枪打出头鸟,你在宣言上签了首名,反动派很可能认为你是为首闹学潮的,会把你列入黑名单的。今后,你一定要提高警惕,谨防意外。"当时,我认为他的担心是多余的,但他对我的关切,我心里还是很感激的。

一二·九之后,形势紧张。不久,罗庚在他的房间里多搭了一张床。对我说:"如果风声更紧,你就到我这里来住吧,教师宿舍会安全一点。"我同意了。同班一些同学也很关心我,要我留意。有一位来自南开中学的外语系同学，名叫王乃梁，是一位埋头读书、功课很好、很少参加政治活动的人。这时，他毅然把他的借书证给了我。因为借书证上有学生的姓名、学号和二寸半身照片，是可以当作学生证用的。他把他的照片撕下来换上了我的照片，然后给我使用，以应付可能出现的不测。

终于在2月29日，清华园遭劫了。傍晚，二十九军的步兵、大刀队、机枪队约四五千人，冲进了清华园。幸亏同学们早就预料到，事先已组织大家分头隐蔽，许多骨干人物藏在教授家里。正在危难时，我就想起了罗庚的嘱咐："万一有危险时，到我宿舍避一避"于是我就快速走进三院，闯进了罗庚的宿舍。

令人吃惊的是：罗庚的宿舍也来了军警。罗庚在床上坐着，三个军警在询问他什么。他们见我进来，都吃惊地看着我，当时气氛的确十分紧张。一个好像是当官的警察向我大声问："你是什么人？"我立刻镇静下来说："是学生，外面闹得很，哪儿都不准走，只好到华先生这儿来休息一下，顺便问问华先生一些大考的数学问题。""有学生证吗？"警官追问了一句。我大声地说："有！我叫王乃梁，一年级新生。"一面慢慢地从口袋里掏出王乃梁同学的借书证递过去。几个军警凑在一起看证件，这时，罗庚开口了，他高声叫道："密斯特王！先坐下来歇歇吧！"军警们停下来听我们谈话。罗庚接着问："有什么难题做不出，一大清早来找我？"我回话："是啊！就要考试了，学校里还闹哄哄的，温课的时间都没有了，真烦人！"三个军警看罢学生借书证，又看了我一眼，这才把证件还我，还对罗庚说了一句："对不起，打扰了！"这才拉门一齐出去。我关上了门，坐到罗庚为我准备的床上，深深地出了一口气。这时，他舌头一伸说："好险啊！"又问："你什么时候调换上别人的证件的？"我于是向他说了换证的经过。他高兴地说："这就是中国古话：得道者多助啊！"事隔多年，罗庚那在危险的时刻对进步同学的关心，以及在突然情况下那种镇定机智的神态，还时常呈现在我的眼前。

罗庚教的大一微积分，有好几个进步同学的记分介于I与F之间（I、F分别是较差和不及格的记号）。他曾向我询问那些同学的情况。我告诉他，都是救亡运动的积极分子。有些人罗庚自己也知道，因为那些人还做他的工作，给教师以"启蒙"呢！之后，他根据这些进步同学平时的成绩，基本上都提高一级，F给I，I给N(N是成绩中等的记号)。当然实在差得太远的，也只好给他"手枪"（当时F的绰号）。他对我说："评分是一件严肃的工作，要有实事求是的科学态度。但是考试往往不能排除许多偶然因素。有时好学生也会考坏，所以要结合平时，全面考查，不能过分机械。这几位同学，平时学得很好，只因为忙于救亡工作而耽误了学习，大考成绩虽然差一点，但也接近及格，所以最后评为及格，这也是合情合理的嘛！况且，现在有些学校当局压制救亡运动的手段之一，就是采取分数制裁的办法。他们对许多进步学生，以成绩不及格为借口而勒令退学，这是很恶劣的做法"。华罗庚的评分标准是"一视同仁，有所不同"。

1936 年夏，华罗庚回到故乡——江苏金坛，在清华一二·九战士、地下党员王兆芹（王时风）的协助下，邀集了以上海、苏州、南京、武汉等地回乡的一些学生，在他的母校——金坛县立初级中学，创办了一所暑期补习学校。他亲自担任校长，向县里许多中学生宣传了北平一二·九运动，传播了抗日救亡的思想。

虽然有不少参加过一二·九运动的人曾谈到过华罗庚掩护过进步学生的事。但他本人在任何场合下，均闭口不谈及他在一二·九运动的往事及其他与政治有关的事，如果不是当事人将事情写出来，这些事情将石沉大海，不为世人所知了。

剑桥大学

剑桥大学的访问学者

★★★★★

　　1936年，华罗庚得到中华文化教育基金会每年1200美元的乙种资助，以一个访问学者的身份去英国进修。那时周培源因休假要到美国普林斯顿高等研究院去做研究工作，于是他们二人一起结伴而行。先从上海乘轮船到海参崴，再经西伯利亚大铁道到莫斯科、柏林，最后到达剑桥大学。陈省身已于1934年到德国汉堡大学学习与做研究工作。他特地从汉堡赶到柏林，跟周培源与华罗庚相聚了几天，交谈甚欢。在华罗庚到达英国之后，陈省身还专程去剑桥看望过他，并在一起聚了几天。据钱临照回忆：那时在剑桥大学的还有王竹溪、张文裕、李国鼎。伦敦到剑桥很近，一小时就可以到。大家星期天经常聚会，一起骑自行车出去玩。华罗庚不会骑自行车，大家笑话他。他不顾腿疾，竟然学会了骑自行车。这也可以看出他"不达目的，誓不甘休"的性格。

　　华罗庚到达剑桥大学时，英国著名数学家哈代正在美国旅行。当他见到温纳给他的推荐华罗庚的信及华罗庚的论文后，据说曾留了一张纸条给海尔布伦(H. Heilbronn)："华来时，请转告他，他可以在两年之内获得博士学位。"通常若要在剑桥大学获得博士学位，至少要三四年，甚至更长的时间。

　　据说海尔布伦问华罗庚："你打算攻读哪一门课程？我们将给你帮助。"不料华罗庚竟回答说："谢谢你的好意，我只有两年的研究时间，自然要多学点东西，多写些有意思的文章。念博士不免有些繁文缛节，太浪费时间了。

我不想念博士学位，我只要求做一个访问学者 (Visitor)。我来剑桥大学是为了求学问，不是为了学位。"

海尔布伦很感意外地说："东方来的人，不稀罕剑桥大学的博士学位者，你还是第一个，我们欢迎你这样的访问者。"

其实，华罗庚当时若能顺手牵羊拿个博士亦未尝不可，他不会拒绝这个头衔。他的贫困确实是他不拿博士的主要原因之一。按剑桥的规则，缴足学校规定的费用才可以做个正式研究生。那时的华罗庚，每年仅得中华文化教育基金会1200美元的乙种补助，无力交足费用。当然，华罗庚也可以向中华文化教育基金会或清华大学申请一笔学费，或向朋友借贷，但他没有这样做。有一次，华罗庚、钟开莱、陆天台三人同在翠湖喝茶聊天，陆天台亲口问过华罗庚："为什么您一年之中完成了11篇论文，每一篇可得一个博士，却因没交学费给校当局，而不获学位呢？"他笑笑说："钱不够哇，学费贵极，也就算了。"而他尽可以向管理清华基金的中华教育基金会要求补助，但他却没有这么做，华罗庚为人耿介可想而知。

△ 在英国剑桥大学（1937）

华罗庚去剑桥大学，始终没有办理正式入学手续。他那时已把虚荣的名誉地位放到一边，着力地追求学到真才实学，做出好成果，为国争光。他的这段往事自然在中国科学界传为佳话。

海尔布伦很快地成了华罗庚的好朋友。他热情地在求学与生活上帮助华罗庚。华罗庚在初到剑桥大学时发表的文章上，就写有感谢海尔布伦的话："我希望借此机会对于海尔布伦博士的鼓励与帮助，表示我衷心的感谢。"

剑桥大学是世界数学中心之一，其中分析与解析数论尤其很强。那里及附近地方颇集中了一批朝气蓬勃、才华横溢的青年数学家。除海尔布伦外，还有达文坡特 (H. Davenport)、埃斯特曼 (T. Estermann)、兰金 (R. A. Rankin)、赖特 (E. M. Wright) 和蒂奇马什 (E. C. Titchmarsh) 等人。这些人后来都成为著名数学家，对数学作出过很多卓越贡献。他们与华罗庚相互切磋，欢迎这个来自东方古老国家的活泼、勤奋而又聪明的青年。华罗庚很快地成了他们的新伙伴，从他们那里得到了不少帮助。华罗庚的英语水平也大大地提高了。除数论与分析外，华罗庚还听了霍尔 (P.Hall) 的群论课，这跟他以后的工作关系很密切。

华罗庚尽量地利用剑桥大学良好的学术环境，在数论与分析方面都下工夫学习。他在回忆这段生活时，很风趣地说："有人去英国，先补习英文，再听一门课，写一篇文章，然后得一个学位。我听七八门课，记了一厚叠笔记，回国后又重新整理了一遍，仔细地加以消化。在剑桥时，我写了十多篇文章。"

华罗庚离开剑桥大学前夕，他向自己的老师哈代告别。哈代问他："这两年，你都做了些什么呀！"华罗庚把关于完整三角和估计、华林问题与塔内 (G. Tarry) 问题的结果一一告诉了哈代。哈代听后十分高兴地说："好极了！我与赖特正在写一本书，你的一些结果应该写进书里去。"哈代所说的书就是他与赖特合写的名著《数论入门》(An introduction to the thenry of numbers.Oxford press,1938)。他们在这本书里提到了华罗庚的几个结果。这也许是近代中国数学家最早被外国名家引用的结果。

在剑桥大学，华罗庚又告别了他在清华大学时期的数学研究。在清华大学时，他虽然在国内数学界属于佼佼者，但若用世界学术水平来衡量，毕竟还谈不上什么。在清华大学时，华罗庚研究的课题仍然较为零散，也不属于数论之主流或重大课题。他到剑桥大学后，真正做出了世界第一流的工作，引起了国际上的重视，达到了他一生中的第一个创作高峰。当时的一些工作，经历了半个多世纪的考验，已成为经典文献，至今仍然作为定理，整章地写在国外近年出版的数论专著上面。这说明华罗庚已经脱胎换骨，成为一个成熟的数学家了。如果说华罗庚在清华时的研究工作比他在金坛时的工作上了一个台阶，那么他在剑桥时的工作比清华时的工作就产生了飞跃，不可同日而语了。

1937 年，抗日战争爆发了。抗日的烽火，燃遍了祖国的大地，大片国土沦陷了。华罗庚心急如焚，归心似箭。1938 年，他放弃了可能留在英国继续做研究工作与教书的机会，迎着战火硝烟，回到了抗日战争的大后方云南昆明，即西南联合大学的所在地。

→ 哈代与维诺格拉朵夫

☆☆☆☆☆

哈代与维诺格拉朵夫都是著名数学家。

哈代（1877—1947），英国数学家。他的工作面很广，涉及堆垒数论、素数分布理论、黎曼 $\zeta-$ 函数论与丢番图逼近论等数论领域。在分析方面有三角级数论、发散级数求和、陶伯尔型定理、不等式、积分方程等。他与李特伍德一起，共同建立了著名的"圆法"。他们二人长期亲密合作，取得了巨大成效，在世界数学界传为佳话。哈代是苏联、法国等很多国家的科学院院士或著名大学的荣誉博士。

维诺格拉朵夫 (1891—1983)，前苏联数学家。从1934 年直至 1983 年去世为止，一直担任前苏联科学院斯捷克洛夫 (V. A. Steklov) 数学研究所所长。他关于韦尔 (H. Weyl) 和的估计方法及以素数为变数的指数和估计方法自 30 年代以来，对数论发展产生了深刻的影响，也在别的领域有些应用。他在堆垒数论方面得到不少极深刻的结果，尤其是他关于奇数的哥德巴赫 (C. Goldbach) 猜想的基本解决及关于华林问题的结果，最为有名。维诺格拉朵夫是英国皇家学会会员、法国科学院院士等荣誉的获得者。

维诺格拉朵夫的主要结果发表于 30 年代,正是华罗庚进入数论研究的高峰时期。他认真地学习了维诺格拉朵夫方法。虽然华罗庚是自学维诺格拉朵夫方法的,但他对这个方法的了解与贡献却不在旁人之下。维诺格拉朵夫在他的书《数论中的三角和方法》的"序言"中,讲到他关于韦尔和估计方法时指出:"这个方法及其应用是我与范·代·柯坡尔特 (J. G. van der Corput)、朱达柯夫 (H. G. Chudakov)、华罗庚及其他一些人一起合作得出的。"华罗庚最重要的数论工作当然还是他自己独创性的工作。华罗庚与维诺格拉朵夫可谓神交已久。一直到 1946 年 3 月 28 日,在华罗庚访问前苏联时,他们二人才第一次见面。

西南联合大学

→ 西南联大教授

★★★★★

1937年七七事变，日本侵略军大举侵入中国，很快地侵吞了大片国土。日本侵略军的暴行传闻，在金坛不胫而走。一有消息就片刻传遍家家户户，弄得人心惶惶，一夕数惊。那时华罗庚远在英国，家里无人做主，更是乱成一团。最后，华老祥做主，自己留在家里看家，由吴筱元带领她的母亲及华顺、华俊东到金坛乡下华莲青家去暂避一下。谁知乡下比金坛城里更乱。无奈，吴筱元决定与华莲青一家一起，向内地逃难。他们两家共6人，跟另外两家人及几个单身客人一道租了一条船经鄱阳湖，到达江西吉安。吴筱元回忆："路上曾遇到一个中学老师，吉安人。他很同情我们，对我们说，他家在吉安有点空房子，可以去暂时住一下。我们问他要多少房租，他说现在这个日子，就免了罢。真是遇见好人了。我们住在吉安时，小孩子还去这位老师家吃过饭。这位老师有一个女儿，后来曾经参加过红军，现在已经过世了。"吴筱元与华莲青在吉安住了一个多月，才跟华罗庚取得了联系。华罗庚告诉他们，他就要回国了，清华大学已经搬到云南昆明去了，他要吴筱元带着大家到云南昆明去。于是吴筱元等一行6人，从吉安到湖南长沙，再乘长途汽车到达昆明。这一路的辛苦艰难就不必说了。在他们一行抵达贵州贵阳时，除吴筱元外，都得了疟疾。在这兵荒马乱之时，何处去买药？又拿什么钱来治病呢？真是天无绝人之路！当初介绍华罗庚去清华大学的唐培经的妹妹住在贵阳，帮助他们治好了病，又继续上路，总算到达了抗日的大后方——云南昆明。

中国北方三所著名大学，清华大学、北京大学与南开大学，均于不久前搬到了昆明。战时经费拮据，校舍拥挤。三校联合组成西南联合大学，各校自聘教授，共同招生，三校研究生自由选课与参加讨论班。华罗庚在清华大学时的老师熊庆来已出任位于云南昆明的云南大学校长。杨武之接任了清华大学数学系主任之职。他们都没有见过吴筱元，但都听说过她。听说她们一家人来了，杨武之、熊庆来等人帮忙，在距离联大不远的青云街帮他们租了房子，一家人总算安顿了下来。

1938年，华罗庚毅然乘船取道大西洋、印度洋、马六甲海峡及新加坡抵达香港，再乘飞机经越南西贡、河内直达昆明。迢迢万里的海空旅程啊！当他决定要在英伦起程时，有好友曾劝他，现在日军侵华日极，到处烽火连天，不必冒此战火炽烈的危险。留在英国各大学讲授数理，必受欢迎。但他爱国心切，决心回国与全国同胞共赴国难。其高尚的爱国热忱与情操，于此可见。

华罗庚在去剑桥大学之前，在清华大学仅仅是一名教员。但以他在数学界的国际学术地位，国内很少有人可以与他匹敌。当时西南联合大学学校当局，究竟应以何种名义聘请他，一时成为相当棘手的一件事。此时，原任清华大学理学院院长吴有训，现在则兼任西南联大的理学院院长，他是国内少数有名的物理学家之一。西南联大设有教授聘任委员会，凡聘讲师以上的教师，必须经过教授聘任委员会全体委员投票通过，吴有训亦为委员之一。在开会讨论聘请华罗庚时，他将华罗庚在国内外所发表的数十篇数学论文全部携带到会，请各位委员共同讨论评审。杨武之对华罗庚在三角和估计与华林问题方面的贡献的意义是非常了解的。华林问题也是他自己多年来专攻的问题。现在看到自己的学生在这一历史名题的研究上已居于世界前列，心情怎能不激动呢？杨武之仗义执言，力主将华罗庚越过讲师与副教授，直接提升为教授。最后，全体一致同意，通过华罗庚的正教授资格。按照当时教育部规定，正教授必须由助教、讲师、副教授一级一级提升而来，而华罗庚却是由教员一跃而为正教授。这不仅是他第三次突破清华大学破格录用人才的"纪录"，也是全国所有各公立、私立大学空前未有的例子。

这样算起来，华罗庚从金坛的一个仅念过一年职业高中的学生成为全国最高学府西南联大的正教授，正好整整经历了7年，真可谓快矣！

在谈到破格录用华罗庚时，周培源说："在 30 年代，像清华这样的大学，教师中有助教、教员、讲师、副教授与教授 5 个级别。罗庚同志初到清华时只是一个初中毕业生。一般来讲，一个从初中毕业的青年成为一位大学教员需要 10 年的时间——3 年高中，4 年大学，3 年助教。但是罗庚同志在清华期间一面工作，一面学习，仅仅花了 4 年的时间竟能完成 10 年的工作、学习与教学任务。这在我国近代教育史中还没有第二人。"

"罗庚同志的一生就是努力向上、刻苦钻研的一生。要鼓励青年彼此互助，密切来往，携手前进。罗庚同志在清华时，他与当时学校中的优秀青年学生，如数学系的柯召教授、段学复教授，已故的许宝騄教授和物理系已故的王竹溪教授等，彼此经常讨论问题，交流经验，共同提高。这种彼此尊重、相互学习的风气在今天也要大力提倡。要为青年创造学习的良好条件并督促青年去充分利用这些条件。罗庚同志在清华的五年时间里，除了工作外，他还旁听了算学系的多门课程，而且还学习了英、法、德等外语，达到在工作中能运用自如的程度。可以说，他是边工作边学习边研究的典型。"

"罗庚同志于 1938 年从英国剑桥回到昆明后，任西南联合大学数学系教授。从清华到西南联大，先后只花了 7 年的时间。对他这样飞速成长，我们也必须注意到，除了他本人的才华与积极努力外，也和当时清华大学的校、系行政领导与教师对他的爱护、重视与关怀是分不开的。"

周培源接着谈到叶企荪、熊庆来将华罗庚邀来清华大学工作及送他出国的经过，又谈到唐培经对他的推荐及杨武之对他的研究工作的指导。他说："可以这样说，当时的清华大学在一定程度上实现了今天我们正在积极提倡的'尊师，爱生，重教'的精神。"

堆垒素数论

华罗庚到达昆明后，仍继续他在剑桥大学时的研究工作。在剑桥大学时，已经萌发了研究华林—哥德巴赫问题的蓝图。这时他对华林—哥德巴赫问题作了更深入的研究，得到了一系列重要结果。他决定写一本专著，全面论述三角和的估计及其在华林—哥德巴赫问题上的应用。据他回忆，大约在 1940 年，他用了 8 个月时间就完成了《堆垒素数论》的写作。

《堆垒素数论》全书共分 12 章，除西革尔关于算术数列素数定理未给证明外，全书是自给自足的，即所有定理的证明均包含在书中。前 6 章除第 2 章为关于除数函数的一个不等式外，均为三角和的估计方法方面的最重要的定理，这些结果都是解析数论的基础与最基本的方法。华罗庚主张开门见山，自己的专著则必须将自己最好的结果在一开始就展现在读者的眼前。第 1 章就是他关于完整三角和的臻于至善的估计。第 2 章为含有除数函数的一个和的估计。第 3 章则为略经改进的华氏不等式与韦尔不等式。第 4 章为当 k 较小时，韦尔和的积分中值公式，这就是华罗庚的工作。第 5 章是华罗庚首先命名的维诺格拉朵夫中值定理及其推论。本章一开始，华罗庚就写道："在本章我们将讨论最有名的维诺格拉朵夫定理及其推论，这一定理是解析数论新研究的一个基本工具。"华罗庚曾指出，估计布劳赫问题的解数是维诺格拉朵夫方法的主要环节；另一方面，这一方法也能用于布劳赫问题。在该章中，华罗庚先讲中值定理，接下去讲到如何由中值定理得出单个韦尔和的估计，并指出这一重要技巧也是维诺格拉朵夫发明的。第 6 章为含有素数变数的三角和估计。这一工具亦是维诺格拉朵夫创造的，它是堆垒素数论的基本工具，在这里华罗庚作了一些必要的推广与补充。

第 7 章至第 12 章则为以上 6 章的应用。华罗庚用维诺格拉朵夫的两个方法及他自己的不等式与完整三角和估计研究了不定方程的解答组数。

1940 年左右，不仅在中国，就是全世界，能够懂得维诺格拉朵夫这样艰深方法的人也是屈指可数的。原因之一是维诺格拉朵夫的论文既繁难，写得又颇省略，不易懂。华罗庚除对圆法、三角和估计及其应用作出过重大贡献外，他对维诺格拉朵夫方法亦作了改进与简化。华罗庚对维氏方法的处理与讲述是清楚易懂的。诚如哈贝斯坦 (H. Halberstam) 指出：“华罗庚对圆法发展所作的贡献与达文坡特的贡献一起，仅让于哈代、李特伍德与维诺格拉朵夫的贡献，是肯定能够经得住时间的检验的。他的两个积分均值定理给予了巨大的技术进展。这种永恒的影响，甚至超出了希尔伯特定理的范围：他关于华林问题变体的研究及关于华林—哥德巴赫问题的著名研究，对于弄清圆法的力量与范围都是极为开创性的研究。”

1940 年，华罗庚将这样一本心血的结晶交给中国的有关部门，请求出版，却如泥牛入海一般。由等待出版到原稿丢失，可见当时的政府当局对学术的漠不关心。这本书一直到 1953 年才在中国出中文版。

1941 年，华罗庚将手稿寄给了维诺格拉朵夫。维氏立刻回了电报。电报大意说：“我们收到了你的优秀专著，待战争结束后，立即付印。”这本书最早以俄文出版，其校样是华罗庚在 1946 年访问苏联时审阅的。

→ "越教越瘦"的教授

★★★★★

抗日战争中，凡是从沦陷区逃难到四川、贵州、云南一带的老老实实的科学家、教师、文化工作者与公务人员，都记忆犹新，知道那是一个什么样的日子。物价飞涨，物资匮乏，日本飞机狂轰滥炸。靠薪水生活的教授如何维持一个家啊！据华顺回忆，这段日子比华罗庚少年时更困难些。华莲青也说过："我们家过去很穷，但饭还有得吃，不用罗庚操心。"现在就不行了。据华罗庚回忆：

"想到了40年代的前半叶，在昆明城外20里的一个小村庄里，全家住在两间小厢楼（还没有现在我的办公室大）里，食于斯，寝于斯，读书于斯，做研究于斯。晚上一灯如豆。所谓灯，乃是一个破香烟罐子，放上一个油盏，摘些破棉花做灯芯。为了节省菜油，芯子捻得小小的。晚上牛擦痒，擦得地动山摇，危楼欲倒，猪马同圈，马误踩猪身，发出尖叫，而我则与之同作息。那时，我的身份是清高教授，呜呼！清则有之，清者清汤之清，而高则未也，高者，高而不危之高也。"

"回到昆明以后，吃不饱，饿不死。那个时候，有句话叫'教授教授，越教越瘦'。记得有这么个故事：教授在前面走，要饭的在后面跟，跟了一条街，前面那个教授实在没有钱，回头说：'我是教授！'那个要饭的就跑掉了。因为连他们也知道，教授身上是没有钱的。"

在西南联合大学的教授中，有冯友兰、闻一多、吴有训、吴大猷、江泽涵、杨武之等老一辈的学者，大家都过着苦日子。为了维持生活，闻一多挂牌雕刻图章，吴大猷养猪以贴补生活。据杨振宁回忆：

"有一次吴大猷教授的学生黄昆(有名的半导体物理学家)到乡下去请教吴教授。当两人正在讨论物理之际，吴教授看了一下表说：'不成，我现在有事情！'黄昆问他有什么事情。他说：'我要去喂猪！'原来那时教授没有钱，吴教授就养了几头猪，可以赚到一点钱支持生活。"

昆明是大后方的重镇之一，陈纳德(C. chennault)将军的飞虎队空军总部的志愿官兵即驻于此，因此成为日军轰炸的目标之一，每天都有被空袭的可能。当时几乎没有防空能力，日本飞机飞得很低，甚至能看得见飞机上的鬼子。华罗庚一家，每天出去躲警报。他在野地里做研究、备课，一直到傍晚才能回家。

华罗庚一家只好从城里搬到郊外，在离城5里路的黄土坡村住下来。黄土坡在大西门外，在离村不远的山谷里，请人挖了个防空洞，洞子有半人高，里面有挖成的土墩，可以蹲几个人。那一带的防空洞已是密密麻麻地连成了一片。闵嗣鹤家与华罗庚家差不多是靠着的。一次，警报后，日机许久未至，华罗庚对家人说："我到闵嗣鹤的防空洞去一下，跟他谈一个问题，一会儿就回来。"不料，华罗庚刚到闵嗣鹤的防空洞，日本飞机就到了，向山谷倾泻了一串炸弹，到处黄土飞溅，震耳轰鸣，连大树也被炸倒了一片。有一颗炸弹正在闵嗣鹤的防空洞口的附近炸开了花，黄土向闵家的防空洞铺天盖地飞来，将洞口淹没了。幸亏洞中有一个人听到爆炸巨响后，伸手先抱住了头，这样他的头与手未被黄土埋住，于是他将每个人的脑袋先扒出来。黄土把每个人的下半截身子压得紧紧的。吴筱元及一些好心人怕伤着他们，用手慢慢刨。花了两三个小时，才把他们从土里刨了出来。闵嗣鹤被刨出来时，长袍已变成了"裙子"，正襟全被撕掉了。华罗庚的耳朵被震出了血。他挨了这一次"活埋"，总算死里逃生。

华罗庚一家只好搬到更远的郊区大塘子去安家。大塘子是个小村子，离村不远有一条河沟，从河岸到沟底有一人多高。沟里涓涓细流，河埂两岸绿树成荫，环境美而静。华罗庚选中这个地方，既可以躲警报，又是个看书做研究的好地方。华罗庚家距杨武之家只隔了一条路，两家交往甚密。据说一次空袭中，一颗炸弹正落在杨家的天井里，房屋倾塌了，把洗脸盆压成了一张铁片，华罗庚借给杨武之的一本德文字典也被压得稀烂。杨家平日是不常出去躲警报的，幸好这次他们一家人去外面躲警报了，所以人都健在。华罗庚家躲警报的大河沟离闻一多的住处陈家营村很近。1941年，闻一多全家热情地欢迎华罗庚家与他们家挤住在一起，于是演出了两家"挂布分屋"而居的佳话。

住在远离学校十多里的地方，对于华罗庚这样一个左脚跛行的残疾人，往返上课，甚为不便。当然那时也有小轿车与吉普车，但多为军官及政府大官所乘用，老百姓的城乡间的唯一的交通工具就是牛车了。华罗庚每次进城上课，也只能乘坐牛车，由农民驾驭。牛车有左右两轮，双边各有一块长木板，乘客即端坐在木板上，双脚下垂，两手紧握木板，以免中途被震动而跌落。因路面崎岖不平，坐在硬木板上，不到 10 分钟，即感到腰酸背痛了。

从家里到学校往返十分不便。学校有课的时候，华罗庚经常住在学校里。西南联大的单身教授三个人一间房子，有一年多时间，华罗庚与陈省身、王信忠三人同住一间小房子，每人一床，一小书桌，一椅，一书架，一间房子摆得满满的。大家早晨醒来便开玩笑，工作情绪很高。

1942 年以后，警报逐渐少了。华罗庚又搬了几次家，往靠近昆明城处搬。这时房租又太贵了。1944 年，华罗庚家搬到离城很近的蔡家村，租了三间土坯茅草房。开始，吴筱元为了增加华罗庚的营养，每天早晨给他做两个鸡蛋羹。但看到孩子们的黄瘦脸蛋，华罗庚总是"你一块，你一块"用筷子把大部分鸡蛋都夹到了孩子们的嘴里去了。不久，鸡蛋也吃不起了，衣服鞋子则更是买不起。吴筱元和她的母亲先用破布打鞋褙，然后一针一线地纳鞋底，纳鞋帮，缭鞋子。华罗庚与吴筱元的衣服改改就给华顺、华俊东穿，或者干脆不改就给他们穿。1939 年，华罗庚有了第二个儿子华陵。华俊东穿旧了的衣服，改改就给华陵穿。华罗庚则终年穿一件不蓝不灰的旧长袍，脚踏一双破旧布鞋，面色菜黄，连路上的乞丐也不向他伸手。

1945 年，华罗庚的三儿子出世了。他已经穷得无钱送吴筱元去医院，只好请华顺的一个同学做医生的母亲到家里来接生。家里太穷，干脆给这个孩子取个名字叫华光吧！一个意思是盼抗日战争早日胜利，中华重光；一个意思则是钱已经花光了。

那时西南联合大学的教授的工作热情异常地高涨。华罗庚更是夜以继日地工作着，他需要安静，不让小孩子哭，这就苦了吴筱元了。她除了操持这个穷家外，还要哄小孩子，不让他们哭，让华罗庚能工作。有时，华罗庚在吃饭时也在想问题，吃了一会儿，他会忽然问吴筱元："我吃了几碗啦？"

几乎所有的教授都很困难，但华罗庚家人口多，底子薄，困难就更多些。

教授间是互相友爱、互相帮助的。熊庆来好几次拿了钱给吴筱元,怕他们不肯收,就说:"拿去用吧!这是借给你的。"过后,华罗庚总是将钱退还给熊庆来,并说:"非常谢谢,我还可以维持。"熊夫人姜菊缘常请华罗庚到熊家去"打牙祭"。据吴筱元的弟弟回忆:"每当熊家有好吃的,总要请华罗庚去共同品尝的。"熊庆来还曾邀请华罗庚到云南大学兼课。华罗庚为了有更多的时间做研究工作没有去。熊庆来就叫云大一个最优秀的学生王洪升,每周到华家来补两次课,借以增加一点华罗庚的收入。实在穷得没法时,华罗庚也只好挤一点点时间去中学兼课,将微薄收入贴补家用。

但是,发国难财的奸商、贪官污吏大吃大喝,无所不为。这种现象在重庆、昆明一带格外显眼。他们从外国走私来大量吃喝用品,过着醉生梦死的日子,真是"朱门酒肉臭,路有冻死骨"。当时老百姓有个形象的说法"前方吃紧,后方紧吃"。对这种腐败现象,老百姓无不侧目而视,看在眼里,恨在心里。华罗庚写道:

> 寄旅昆明日,金瓯半缺时,
>
> 狐虎满街走,鹰鹳扑地飞。

当时的西南联合大学,集中了一大批中国知识分子的精英。每学期开始,华罗庚、陈省身与许宝騄等人就竞相争取开设新课,借以扩大自己的数学知识领域。华罗庚开设过解析数论、连续群论[按庞特里雅金 (L. S. Pontrjagin) 的书《连

◁ 在昆明住宅前。右起华罗庚、华陵、华顺、华俊东、华光、吴筱元(1945)

续群论》来教的]、行列式与矩阵、复变函数论与近世代数等课；陈省身开过微分方程、拓扑学等；许宝騄开过微分几何等。很多课程都是他们研究领域以外的东西。查什豪司(H. J. Zassenhaus)的书《群论》刚出版，华罗庚立即组织了群论讨论班加以研讨，参加者有段学复、樊几等人。华罗庚、陈省身还和物理系教授王竹溪一起合开了一个李群讨论班。那个时候讲授李群，无论在国内，还是在国外都是很先进的。此外，江泽涵、陈省身等组织了形势几何讨论班。陈省身、许宝騄、庄圻泰、蒋硕民等组织了分析学讨论班。

国内外消息难通，文献奇缺，所以做数学研究不能依赖文献，必须立足于自己的原始思想，并有很强的开拓能力才行。西南联大数学系大有能人在，所以"若干人就能可以抓到的材料，工作不辍"。那时，生活极端困难。可是另一方面研究的热情、奋发向上的进取精神又异常地高涨，形成鲜明的反差。这种动力无疑来自大家都怀着抗日战争早日胜利，可以报效国家的崇高愿望；也来自众多有才华的学者之间的奋力竞赛；当然也有对科学的浓厚兴趣与对真理探索所得到的欣慰。华罗庚就陶醉在数学美之中，如梦如痴。他曾对人说过："人们都说音乐美，我觉得数学比音乐美得多。"追求数学美是华罗庚创作的首要标准。

→ 俞大维与密电码

★★★★★

北伐胜利，中国人民寄希望于国民党军队。有一些杰出的知识分子加入了国民党或靠近国民党。这些人中有胡适、傅斯年、朱家骅、俞大维、罗家伦、段锡朋等人，其中有的人曾是五四运动的先驱或积极参与者，有的人曾在学术研究上有过成就，颇能礼贤下士，他们中也有华罗庚在清华大学时的师长与朋友。抗日战争爆发后，蒋介石与国民党政府是抗日的一方面。国民党军队爱国将士有过浴血奋战与可歌可泣的事迹，但国民党军队总是在节节败退，山河很快沦陷。这常常被看成是中国的经济与工业不发达，国民党军队的武器装备落后所致。当时普遍的贪官污吏、奸商招摇过市也往往被看作是局部问题。人们对国民党政府及其某些官员是抱有幻想的。

抗战期间，国民党在重庆复兴关设立"中央训练团"，专以招收政府高级官员、大学教授及社会名流人士，即凡在某方面有优异表现的各界人士，都有被召受训的机会。团长为蒋介石，实际负责者则为训练委员会主任段锡朋，他曾是五四运动的活跃分子。

华罗庚并不满足于学术上的高深成就，欲为发展中国的科学作更多的事情。为展雄图，又有参与政治的想法。总之，他的思想与性格相当复杂。他既对贪官与奸商深恶痛绝，又对国民党政府存有一定期望。经西南联大某个国民党籍教授的介绍，华罗庚于1943年进入"中央训练团"。关于华罗庚去"中央训练团"一个月的生活，特别在这期间认识了兵工署长俞大维并解决了他提出的密电码问题，当事人蔡孟坚回忆：

"华记忆力好，一见即说：'你不是民国三十一、三十二年在重庆复兴关'中训团'受训与我一同担任训育干事的蔡孟坚先生吗？'他再补充说：'彼时你是兰州市长，我是自英国剑桥返回昆明任西南联大教授（还说出另二位同房名字，足见记忆力好），一共四人，住一房足足一个月。我们名义是训育干事，我们除听课外，只看看学员作业，这是特别难得的优待。'"

"我们彼时在'中训团'受训，有一次实弹射击演习课目，我们虽属训育干事，照样一同参加，彼时出身德国柏林大学博士俞大维将军，任兵工署长，他亲自表演实弹射击。当俞本人俯卧射击，正站起来时，我即向俞将军说：'数学博士署长先生，我介绍天才数学家华罗庚先生与你相识。'俞将军大为惊奇。寒暄后，俞向华说：'我有一个难解答的数学题目，请教过外国许多专家都无答复。今晚请到舍下便餐，我将这难题交给你，若数月后得到计算结果，我就感谢万分了！'当晚我们如约到俞府，餐后，华将此'难题'携回。次晨华自厕所出来，将答案写在一张手纸上，当即交给我说：'俞先生的难题结果算出来了，我无暇重抄，请你将此草纸交给他好了。'俞先生收到此答案后大为惊奇，中外许多专家几年都算不出来，这位自学成才的华罗庚，竟在一晚之隔即做出答案，深感佩服。"从此俞大维对华罗庚倍加爱护与照顾。在华罗庚与蔡孟坚谈话中，他再问"俞大维先生好吗？"他对俞先生印象甚深。

可见华罗庚与俞大维的私交颇深。

俞大维是浙江省山阴县人，1897年生，在美国哈佛大学专攻数理逻辑学，获哲学博士学位。1918年因成绩优异，复获哈佛大学奖学金，到柏林大学深造。1925年，他有一篇关于数理逻辑的文章登于德国的《数学年鉴》(Math. Annalen)上面。在当年的中国，确实属于破天荒之事。俞大维曾表示，"陈省身、华罗庚两位教授是中国知名数学家，我非专学数学，不能算是一位数学专家"，"我半生书生，半生行伍"。可见俞大维还是一个颇谦虚的人。

当俞大维得知在1935年中国有了第二个在德国《数学年鉴》上发表论文的人时，非常惊喜。这个发表论文的人就是清华大学教员华罗庚。他很注意与欣赏这个年轻人，他们神交已久了。难怪在"中央训练团"初次见到这位跛足青年时格外喜悦与亲切，再加上一个晚上就解决了自己困扰已久的难题呢！

华罗庚本人曾回忆过密电码这件事，他说这就是梅比乌斯（A.F.Mobius）反转公式的应用。大概是用某种梅比乌斯公式将用整数表示的明码转换成用整数表示的暗码，只要再用梅比乌斯逆变换就可以将密码转换成明码了。华罗庚的聪明在于他能在一夜之间就洞察出这个联系。

与闻一多的友谊

★★★★★

　　无论是清华大学还是西南联大，各派政治力量都很活跃，各种政治力量都时刻影响着每一个人。每个人都可能接触各种不同思想的人物，都在不停地转变着。各方面对华罗庚都有浓厚的兴趣。

　　华罗庚的同乡与好友钱闻回忆："华罗庚和闻一多、吴晗、楚图南等交往密切，并和进步的同学经常接触。当时他很清楚我、王时风、李寿慈等几个跟他十分亲密的知心朋友都是共产党员。我们常到他家去，和他促膝谈心，论人议政，谈笑风生。这段往事，至今难以忘怀。"

　　实际上，国民党政府的腐败无能，特别是抗日战争胜利后，中国人民不仅得不到和平民主建国的好时刻，眼见到的却是贪污、腐败，发"接收"财，通货膨胀，民不聊生。这促使很多中间的知识分子逐步从对国民党失望到离开它，转而靠拢共产党。如果说是共产党把知识分子拉过去，还不如说是政府的腐败，使知识分子离开了它。华罗庚就是在这样的形势下，加速靠拢共产党的一个知识分子。闻一多无疑对华罗庚有着最多的影响。其实，李公朴、闻一多与吴晗等人最初又何尝不是专门做学问的学者呢？

　　闻一多比华罗庚大 11 岁，早在清华大学时期，华罗庚就认得闻一多。"不过那时我只是无数仰慕先生风采的青年中的一个。先生那时为无数青年所景仰也不是偶然的，他在《死水》中把黑暗的中国比作'一沟绝望的死水'。在《心跳》中呼唤'谁稀罕你这墙内方尺的和平！

我的世界还有更辽阔的边境'。赢得了无数青年的共鸣。"

据闻立雕回忆：在 1938 年，日本飞机对昆明的第一次大轰炸中，闻一多头部受伤，经医疗，休养了一个多月才痊愈。1940 年夏，在一次空袭中，日机一颗炸弹落在闻一多家的后院，幸好是个"哑弹"，未爆炸。经此一惊，闻一多家只得搬到乡下陈家营。

1941 年，一次空袭，使华罗庚遭到"活埋"，险些丧命。华罗庚家搬到大塘子，在大河沟躲警报。大河沟离陈家营很近，闻一多急人所难，热情欢迎华罗庚家与他家挤在一起。闻一多对华罗庚的数学天才与勤奋刻苦非常钦佩，他常勉励自己的孩子"一定要像华先生那样勤奋用功，认真读书，将来才能成为一个对社会有用之人"。

陈家营这所房子是个土木结构的二层小楼，楼下基本上是灶房和牲口圈。闻一多一家 8 口人住二楼的一间厢房、两间正房，已相当拥挤。但他仍腾出稍大点的一间正房给华罗庚一家 6 口人住。就这样两家人一起住进了正房。正房当中没有隔墙，只好从中挂条床单，把正房一分为二。华罗庚家住里间，闻一多家住外间。华家的人去自己的住房必须经过闻家的卧室。华罗庚写道：

> 挂布分屋共容膝，
>
> 岂止两家共坎坷。
>
> 布东考古布西算，
>
> 专业不同心同仇。

闻一多与华罗庚两位学者并没有多少时间可以开怀畅谈，只是偶尔得闲谈谈时事与见闻。两家人则相互体贴，甚为融洽。闻一多埋头搞"盘瓠"，华罗庚伏首搞数论。据华罗庚回忆："无论春寒料峭，还是夏日炎炎，他总是专心工作，晚上在小油灯下一直干到更深，陶醉在古书的纸香中。'盘瓠'的结果，是写了一大篇'伏羲考'，他的欣喜常常溢于言表。但是，毋庸讳言，当时他对'盘瓠'的兴趣，显然在对政治的爱好之上。通过这一段患难之交的共同生活，一多先生严谨的治学态度，对我影响很大，成为我毕生学习的榜样。"

1941 年 10 月，联大文学院另找到房子，闻一多家搬走了。陈家营的房子就留给华罗庚一家住。两人见面的机会很少了，但友谊却并未稍减。

闻一多在昆明，虽然身兼大学教授与中学教员，一家 8 口人仍难以糊口。从 1944 年夏天开始，为了维持 8 口之家的最低温饱，闻一多又增加了一门职业，充当手工业者，搞起治印来。

闻一多治印是为了生计，可是却精工镌刻了一枚图章送给华罗庚，上面刻有几行小字：

> 顽石一方，一多所凿。
>
> 奉贻教授，领薪立约。
>
> 不算寒伧，也不阔绰。
>
> 陋于牙章，雅于木戳。
>
> 若在战前，不值两角。

那质朴的石章、那韵味十足的书法和那精妙的刀法相结合，给人以美满的艺术享受。这是闻一多对华罗庚真挚的友谊的最宝贵的凭证。在几十年迁徙辗转的生涯中，华罗庚一直珍藏着它，每当见到这颗图章，就想到闻一多。这上面凝聚着患难之交的情谊及鞭策华罗庚继续前进的动力啊！

在中华民族生死存亡的关头，在日渐高涨的昆明民主运动影响下，闻一多作为一个有正义感及爱国心的知识分子，终于从故纸堆中走了出来。1944年，在纪念五四的晚会上，面对反民主势力的丑恶表演，闻一多十分愤怒，勇敢地站出来支持进步青年。这一行为深深打动了华罗庚。从此，闻一多由一个诗人、学者变成为和平民主奔走呼喊的战士了。有一次，华罗庚和闻一多谈起闻一多身上的这种变化，闻一多激动地说："有人讲我变得偏激了，甚至说我参加民主运动是由于穷疯了。可是，这些年我们不是亲眼看到国家糟到这步田地，人民生活得这样困苦！我们难道连这点正义感也不该有？我们不主持正义，便是无耻，自私！""要不是这些年颠沛流离，我们哪能了解这么多民间疾苦！哪能了解到国民党这样腐败不堪！"闻一多的这些话固然是讲自己，实际上也是寄希望于华罗庚。

1944年"七七"前夕，共产党地下组织发动在云南大学汇泽堂举行抗日战争七周年时事报告晚会。这件事引起了国民党当局的警觉，他们千方百计地要破坏这次集会。除在会场上捣乱外，还邀请熊庆来在大会上作了冗长的讲话，他避而不谈晚会的宗旨是纪念抗日，却大谈其数字，尤其是讲什么"变"是不对的，"变"是会带来大乱的等等。

这番话激怒了闻一多，他在雷鸣般的掌声中起来讲话："有人不喜欢这个会议，不赞成谈论政治，据说，那不是我们教书育人的事。""今晚演讲的先生，我们都是老同事、老朋友，可是既然意见不同，我还是要提出来讨论讨论。""国家糟到这步田地，我们再不出来说话，还要等到什么时候！我们不管，还有谁管？"

闻一多用"学生要管事"的论点驳斥了"学生要念书"的论点，感染了全场群众。事后，共产党地下组织有人要华罗庚出面向熊庆来作点解释。熊庆来对华罗庚说："是训导长让我去的，我上了特务的当，我不该去，你见到一多，帮我解释一下。"后来，华罗庚将熊庆来的话转告了闻一多。他很释然地说："当时不得不这样啊！自然，我讲话也太嫌锋利了一些。"

闻一多的行为无疑使华罗庚及一些埋头于书本的知识分子，更加靠拢了民主运动。

1945 年 9 月，闻一多被选为中国民主同盟中央执行委员。

1946 年春，华罗庚访苏前夕，闻一多极力鼓励与支持华罗庚："千万不要错过这个机会，回来后详细给大家介绍一下。"华罗庚回国后，闻一多与其他人一起筹组了欢迎会，由于听众太多，临时安排在大操场演讲。虽然闻一多认为华罗庚的报告中政治讲得少，科学讲得多而不满足，仍然夸奖他："你对苏联情况介绍得很详细，很好，这对当前民主运动的发展也很有好处。"

华罗庚是 1946 年 6 月底离开昆明的，那时西南联大宣布结束，人们纷纷云散。这时，全面内战的阴云笼罩着大地，一片腥风血雨中，李公朴、闻一多挺身而出，横眉怒对意图挑起内战者。华罗庚在离昆明前曾语重心长地对闻一多说："情况这么紧张，大家全走了，你要多加小心才是。"闻一多回答说："形势愈紧张，我愈应该把责任担当起来。'民不畏死，奈何以死惧之'，难道我们还不如古时候的文人？"

继李公朴之后，闻一多被特务杀害。华罗庚是在南京到上海的火车上听到闻一多殉难的消息的。他顿时目瞪口呆，悲痛莫名，不能相信他深深敬仰、有患难之交的这位师友已经永远离开他，当即挥笔写下：

　　乌云低垂泊清波，

红烛光芒射斗牛。

宁沪道上闻噩耗，

魔掌竟敢杀一多。

在闻一多遭特务枪杀时，他的长子闻立鹤为了保护父亲也受了伤。使华罗庚感到欣慰的是，当时尚未离开昆明的吴筱元时常去劝慰闻夫人，华顺也到医院去护理以身蔽父而受伤的闻立鹤，替华罗庚聊尽了友谊之情。

以后华罗庚赴美，华顺认了闻夫人为干妈。1950年，华罗庚从美国回到北京，立即找到闻一多的亲属，两家在一起合了影，真成一家人了。

➡ 访苏三月记

★★★★★

华罗庚在1947年《时与文》14期至17期上连续刊登了他的长达3万字的日记《访苏三月记》，详细地记载了他的旅途及在苏联的活动与感想。

华罗庚收到苏联科学院与苏联对外文化协会的访苏邀请，1946年2月25日，他从昆明乘飞机出发至印度的加尔各答，又乘飞机、汽车经卡拉奇、巴士拉、德黑兰，直到3月19日才到达苏联巴库，开始他对苏联的访问。一路行程二十多天，辛苦可想而知。滞留于巴格达时，华罗庚写下：

我欲高飞云满天，

我欲远走水溢川，

茫然四顾拔剑起，

霜华直指霄汉间。

由巴库转飞机，经斯大林格勒（今伏尔加格勒）于3

月 20 日抵达莫斯科。然后，华罗庚又访问了格鲁吉亚的第比利斯、阿塞尔，拜疆的巴库及列宁格勒（今圣彼得堡），5 月 12 日由巴库乘飞机离开苏联至德黑兰。25 日返回昆明，正好 3 个月整。

日记中记载了华罗庚与他神交已久的著名苏联数学家会见的情景，其中有维诺格拉朵夫、柯尔慕哥洛夫 (A. N. Kolmogorov)、彼德罗夫斯基 (I. G. Petrowski)、阿历山德罗夫 (P. S. Alexandrov)、庞特里雅金、凯尔迪希 (M. V. Keldesh)、德龙奈 (B. H. Delone)、舍盖尔、尼柯尔斯基 (S. M. Nikolsky)、马尔什尼希维里、盖尔锋德 (A. O. Gelfond)、刘斯透尔尼克 (L. A. Liusterik)、谢多夫 (L. I. Sedov)、倍尔芒 (A. F.Bermant)、沙法累维奇 (I. R. Shafarevich)、林尼克、马尔柯夫 (A. Markov)、莫斯海里希维里 (N. I. Mushelichvili) 及旅苏波兰数学家瓦尔菲茨 (A. Walfisz) 等。这么多著名数学家会见华罗庚，真是大长了中国数学家的志气。

维诺格拉朵夫邀请华罗庚到苏联科学家休息所做了竟日

△ 1946年2月华罗庚（左二）应邀到苏联访问，这是他在访苏前的留影

游。他们畅谈数学，并在室外做雪球戏。维诺格拉朵夫对华罗庚的工作倍加赞誉。他告诉华罗庚，《堆垒素数论》即将付印。华罗庚在原稿上用中文题写了书名。他对维诺格拉朵夫说："倘若印刷不方便，中文字就不必印上去了吧！"维诺格拉朵夫说："我总是尽量极力保存原样。"华罗庚当即写下：

"谨以此书祝中苏邦交永笃。"

两天后，维诺格拉朵夫约华罗庚去他家玩。维氏独身，仅与其姐姐一起住在4间很宽大的房子里。午饭从一点半吃到五点半，可见他们交谈之投机。

舍盖尔告诉华罗庚，在苏德战争前，他就着手翻译《堆垒素数论》了。战争爆发后，他因去参加战时工作而停止翻译，由另一教授巴谢列柯夫继续完成翻译工作。舍盖尔又在莫斯科大学的数论课中，讲授过华罗庚关于中值定理的著作。他称赞华罗庚，每用一个方法，总是用到极端精密的地步。

华罗庚见到他神交已久、彼此相知甚深的波兰旅苏数论学家瓦尔菲茨。他告诉华罗庚，他拟写一本书，希望华罗庚给他一点材料，使书的内容更充实，华罗庚答应了。这本书就是 A.Walfisz, Gitterpunkte in mehr–dimensionalen Kugeln, Warszawa, 1957。书中讲了华罗庚关于中值定理的工作。

华罗庚很愉快地会见了林尼克。他们一见如故，跟老朋友相会一样，连续谈了3小时。由于抗战期间昆明的闭塞，华罗庚直到此时才知道苏联又出现了一颗数论明星林尼克。华罗庚预言："将来维诺格拉朵夫的后继者，恐怕舍君莫属了。"这确为以后的事实所证明。

华罗庚游览了风景名胜，观赏了芭蕾舞剧及其他表演。

华罗庚并没有专门谈到苏联的政治与社会制度，仅仅是将在苏联的所见所闻与中国作了一些对比，倾吐出他对苏联的向往。

华罗庚初到莫斯科的印象是，丝毫没有刚经过战争后的紊乱，一切跟他1936年路过莫斯科时所得到的印象是一样的。这不禁使他产生了对苏联人民与这个伟大城市的无限敬仰。当华罗庚看到苏联科学院及其所属研究所的一幢幢巍峨的大厦时，对比起在昆明的日子，不由得感慨万千：我们中国的科学家，哪天也能在我们自己国家的伟大的科学院内，安心地埋头做着我们的研究呢？

五一节，华罗庚看到人民游行，看到人民载歌载舞地欢乐，看到五彩缤纷的焰火。他想起了苦难的中国。遥听着祖国内战的炮声，像千万根针刺向他的心。

华罗庚在参观莫斯科大学前，总以为这是一座党化教育最强烈的大学。然而一进大门，第一眼看见的就是一座列宁(v.Lenin)像，他手里捧着的却是一本书。然后到图书馆去参观，四壁挂的并不是苏联党和国家要人的像，而是数学家维诺格拉朵夫、物理学家卡皮察(P.Kapitsa)与文学家托尔斯泰(L.Tolstoy)等人的像。这一切全出乎华罗庚的意料之外。

特别是苏联朋友愿意为华罗庚治好腿疾，华罗庚问医生需要多久时间，医生说："四个月。"华罗庚又问："需要多少钱？"医生奇异地反问："要钱吗？"华罗庚再反问一句："不要钱啊？"这一问一答使他感到两个不同社会有多大不同呀！因华罗庚即将去美国访问，所以未能在苏联医治腿疾。

华罗庚在《访苏三月记》中也记述了国民党政府驻苏大使馆对他的关心与帮助。傅秉常"大使"出面为华罗庚举行了宴会，维诺格拉朵夫、彼得罗夫斯基、庞特里雅金与他的母亲等贵宾应邀参加。在苏联对外文化协会为华罗庚举行的午宴上，傅秉常也出席了。"大使"在讲话中表示了他对于中苏文化密切合作的愿望。华罗庚在清华大学时的好友、当时在国民党政府大使馆工作的朱庆永更经常照顾他。

华罗庚的《访苏三月记》发表后，在社会上产生了广泛的反响。文章无疑充满了对苏联的友好与向往，大量超越政治的纯学术的记载使各方面人士均易于接受。

1946 年 6 月，西南联大宣布结束，华罗庚率全家来到上海，住兆丰公园对面的中央研究院研究所的楼上。再过两个多月，华罗庚就要起程去美国访问了。1946 年 9 月的一个早晨，华罗庚与曾昭抡、孙本旺、唐敖庆、朱光亚、李政道、王瑞䮫一行 7 人，从黄埔江畔登上了"美格将军"号轮船，在鸣鸣的汽笛声中，轮船起锚向太平洋的彼岸驶去。

旅　美

→ 普林斯顿

☆☆☆☆☆

华罗庚、曾昭抡与吴大猷等 8 人抵达美国后，即各自分去各地。华罗庚到了美国普林斯顿 (Princeton) 高等研究院做研究工作，又在普林斯顿大学数学系教授数论课。普林斯顿高等研究院可以说是盛极一时，著名数学家韦尔、西革尔、冯·诺依曼、韦伯伦 (O.veblen)、哥德尔 (K.Gödel)、赛尔贝格 (A.Selberg) 与爱多士 (P.Erdös) 都在那里。在那里的中国学者也是人才济济。数学方面有王湘浩、闵嗣鹤、徐贤修，物理方面有张文裕、吴健雄、袁家骝，化学方面有在修博士梁守架，还有考古学家尤侗等多人。这里无疑是世界最高学府之一，学术空气甚浓，华罗庚在这里，正是如鱼得水。据徐贤修回忆："这时他已是著作等身的学者，但用功之勤，远胜青年学者，而工作领域又非常之广。本人 1947 年正在该高等研究院研究，目睹种种，对他的治学精神钦敬之至。"

又据吴筱元说："在普林斯顿时，华罗庚与徐贤修二人，轮流做饭吃，我真不知道他们怎么做饭法。"

在美国，华罗庚的工作，仍然是他在昆明时工作的继续，当然在与其他数学家的相互研究讨论中，得到了启发，他也去开拓过一些新的研究课题。只要有好的想法，他仍未中止解析数论的研究，他关于维诺格拉朵夫方法的改进就是在美国时完成的。他还准备写一本解析数论书，并写好了一部分。

华罗庚说过这样一个故事。一位美国朋友为了一个数学疑难问题，久思不得其解，他开玩笑地说："谁帮助我解决这个问题，我请他吃无穷多餐饭。"华罗庚得知这个问题后，边吃晚饭边思考，饭后有了解决问题的腹稿，立即打电话告诉这位朋友，他的朋友的问题就这样被完全解决了。于是有了"一顿饭的工夫解决了一个问题"的佳话。

在美国期间，华罗庚收获最大的是关于体论的研究。

自从哈密顿 (W. R. Hamilton) 发现第一个非交换的可除代数的例子四元素体以来，直到 20 世纪上半叶，人们对可除代数进行了大量研究，积累了丰富的成果，但是无限维代数，即"体"，却被忽略了。直到 1950 年左右，华罗庚以极其简单而直接的方法，接连证明了体论方面几个惊人的定理。

1950 年，华罗庚还证明了关于"体"的乘法群结构的一条重要定理：

如果一个体不是域，则它的乘法群不是亚阿贝尔群。

据说华罗庚在证明他的"体"的半自同构定理的过程是这样的：卡普兰斯基对这个问题久思而不能完全解决。他已经得到的结果的证明亦颇繁难。他曾对华罗庚说："你能不能将我的漂亮定理的证明加以简化呢？"这句话颇使华罗庚不高兴。他心想，我何必简化你的证明，而不去完全解决半自同构问题呢？这使华罗庚投身于这个问题的研究之中，终于

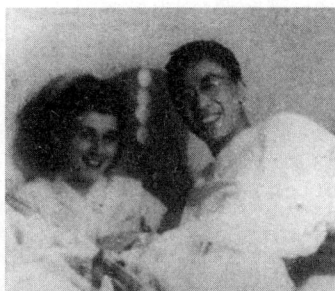

▷ 在美国治好腿疾后，与护士合影（1946）

▽ 在美国欢送华罗庚宴会后合影。前排左五吴筱元，左六华光，左七华罗庚，左八严东生（1950）

解决了这个问题。他的证明写出来还不到两页。芝加哥大学邀请华罗庚去演讲"体"的半自构问题。通常演讲为一小时，可是这次华罗庚将定理的证明过程都详细地讲了，总共还没有用到一刻钟，真是别开生面的演讲啊！

→ 伊利诺伊大学

★★★★★

1948 年春，华罗庚应伊利诺伊大学之聘，任正教授，前往厄巴纳 (Urbana)。1947 年，华罗庚又有了一个女儿华苏。1948 年，华罗庚决定要吴筱元带领孩子们到美国来团聚。华罗庚来美国才一年多，治疗腿疾花费很大，这时又要拿出 2000 多美元给家里人买飞机票来美国，经济负担实在太重。曾向同乡友人借过 250 美元，于次年才将借款如数归还。吴筱元将她的母亲及华苏安排回家乡金坛居住。她的大女儿华顺在燕京大学物理系读书。华罗庚已经替她办好了在美国的学校入学手续，而且是免费的。但华顺已决定不去美国了，她要加入中国共产党，投身于民主运动中去，所以华顺留了下来。于是吴筱元带了三个儿子华俊东、华陵与华光乘飞机到美国，与华罗庚团聚。

在厄巴纳生活得很平静，华罗庚指导了埃尤伯 (R.Ayoub) 与熊飞尔德 (L.Schoenfeld) 研究解析数论，并授予了他们博士学位。华罗庚跟他的学生间有很良好的友谊。他经常回忆起，他的学生在星期天开了汽车来他家，扎上围裙，帮助生炉子，做菜饭。

华罗庚的好朋友徐贤修专程开车到厄巴纳来，两家人一道出外旅游，由华罗庚与徐贤修轮流开车，他们到亚利桑那等地玩过。

1948 年 3 月，在中央研究院代院长朱家骅主持下，用无记名投票方式，选出第一届院士 81 人，其中数学家 5 人，他们是华罗庚、陈省身、许宝骁、苏步青与姜立夫。

华罗庚非常坚决地要回国了，他确信中国已经统一了。中国有了和平民主建国的条件，他要为中国的数学赶上世界水平作出贡献。这是他多年的理想，他相信他的愿望会得到中国共产党与中国政府的支持的。另外，美国社会中存在的种族歧视，不同的文化背景带来的孤独及中国共产党对他所做的工作，也有一定影响。华罗庚曾经写道："幸而党的领导进入了我在美国的书斋，使我能较早地回到祖国的怀抱。"实际上，在华罗庚出国前，他已经多次表示过，他的出国实属不得已，一旦国内局势澄清，他将立即返回。

华罗庚在离开美国之前，也将他的决定跟一些朋友谈过。据徐贤修回忆："伊利诺伊大学对他非常礼遇，除聘请他外，还可以由他选择两位杰出青年代数学家，使伊大成为研究代数的中心。他接受了聘约，接了他的夫人与三个儿子来团聚，算是他平生第一次过着恬静的生活。可是 1950 年他决意要全家回大陆去，伊大想方设法挽留他，甚至于有'你先回去看看，你的孩子由伊大照料'的建议，但是华先生怀着一种'中国人应当站起来'的心情，举家成行了。我与华先生是道义之交，当时只觉得'人各有志'，不必多言了。"徐贤修是了解华罗庚的，知道他一旦作了决定，是轻易不会改变主意的。

华罗庚决定乘轮船到香港，再转回大陆。当时他也做了这样的准备，即万一美国加以阻拦，他们就去欧洲，再从苏联回国。后来一切顺利，华罗庚、吴筱元及他们的三

△ 回国轮船上。后排左二华罗庚，左三程民德（1950）

个儿子由旧金山乘轮船抵达香港。他们走得很急，据说华罗庚连一部分工资未拿就提前走了。同船回国的有程民德，这次在船上偶然相见。据吴筱元说，他们彼此事先并不知对方要回国，而是在船上偶然碰上的。程民德是浙江大学陈建功的学生、分析专家，长期在北京大学工作，对于中国数学的发展作出过杰出贡献。

在香港时，华罗庚写下了《致中国全体留美学生的公开信》。这封信是他奔向中华人民共和国的"决心书"。

朋友们：

道别，我先诸位而回去了。我有千言万语，但愧无生花之笔来一一地表达出来。但我敢说，这信中充满着真挚的感情，一字一句都是由衷心吐出来的。

坦白地说，这信中所说的是我这一年来思想战斗的结果。讲到决心归国的理由，有些是独自冷静思索的果实，有些是和朋友们谈话和通信所得的结论。朋友们，如果你们有同样的苦闷，这封信可以做你们决策的参考；如果你们还没有这种感觉，也请细读一遍，由此可以知道这种苦闷的发生，不是偶然的。

让我先从大处说起。现在的世界很明显地分为两个营垒：一个是为大众谋福利的，另一个是专为少数的统治阶级打算利益的。前者是站在正义方面，有真理根据的；后者是充满着矛盾的。一面是与被压迫民族为朋友的，另一面是把所谓"文明"建筑在不幸者身上的。所以凡是世界上的公民都应当有所抉择：为人类的幸福，应当抉择在真理的光明的一面，应当选择在为多数人利益的一面。

……

朋友们！梁园虽好，非久居之乡，归去来兮！

但也许有朋友说："我年纪还轻，不妨在此稍待。"但我说："这也不必。"朋友们，我们都在有为之年，如果我们迟早要回去，何不早回去，把我们的精力都用之于有用之所呢？

总之，为了抉择真理，我们应当回去；为了国家民族，我们应当回去；为了为人民服务，我们也应当回去；就是为了个人出路，也应当早日回去，建立我们工作的基础，为我们伟大祖国的建设和发展而奋斗！

朋友们！语重心长，今年在我们首都北京见面吧！

1950 年 2 月归国途中

1950 年 3 月 11 日，新华社向全世界播送了华罗庚的《公开信》。

创　业

→ 重回清华园

华罗庚一家离开香港，乘火车直奔北京。华罗庚终于实现了自己的愿望：回归祖国，报效祖国。一路上他看到了南方青翠的树林，绿色的田野。过了黄河，一望无际的华北大平原，尽收眼底。欢乐的农民在田地里辛勤地劳动。华罗庚的心在快速地跳动着，真想赶快投身到火热的祖国建设中去。他又想到20年前，在金坛县里，贫病交加，忽然接到熊庆来的信函，邀他去清华大学工作，真是绝处逢生。那时，他一个人坐在去北平的火车里，曾默默地发过誓："我一定要拼命学数学与工作。"这次，一家人上北京了，在同一条铁路上行进着，怎不令他激动万分呢？

不知不觉火车到站了，华罗庚持着拐杖，和吴筱元及孩子们一起走出了车站。政府代表、华顺与同船先期到京的程民德等已等候在火车站了。他们迎上前去，紧紧地握住了华罗庚的手，激动地说："非常欢迎你！我们读过了你的《公开信》，写得太好了，定会有更多海外学者会回来参加建设。"

1950年3月27日，中国各大城市的报纸在醒目位置刊登了一条新闻：

闻名全世界的我国数学家华罗庚教授，已于本月16日自美国返抵首都北京，并已回清华大学任教。华氏系于1946年应美国伊利诺伊大学之聘，前往讲学。华氏回到清华大学以后，受到该校学生的热烈欢迎。华氏在回国途中曾发表一封给中国留美学生的公开信，号召留美学生回国为伟大的祖国建设和发展而努力。

华罗庚仍回他的清华大学执教。他的家也安置在清华园，他与朋友及学生段学复与闵嗣鹤同在一个系里。想当年，多亏郑桐荪、杨武之、叶企荪为他说了话，他才得以教授微积分课。如今华罗庚则是以一个著名数学家的身份重又登上了清华大学的讲坛，讲授他的研究心得"典型群论"，实现了他欲培养中国年轻数学家的心愿。年轻人认真地向华罗庚学习。这期间，他和万哲先一起解决了狄厄多内几个未解决的典型群问题。裴光明翻译了维诺格拉朵夫的《数论基础》；华罗庚热情地为这本书写了序言，对该书加以介绍与推荐，指出该书的习题是最重要的。迟宗陶的年龄大了一点，华罗庚用魏尔斯特拉斯大器晚成的例子来鼓励他增加信心，努力工作。迟宗陶在闵嗣鹤的指导下，在狄里赫勒除数问题上取得了可喜的成绩。1950 年 4 月 12 日，华罗庚怀着愉快的心情写信给维诺格拉朵夫，信中称："我非常高兴地告诉您，我已辞去我在美国伊利诺伊大学的教授职务，现在已在为我的祖国服务了。我又重新担当起了位于中国北京的清华大学教授职务。"

正当华罗庚在清华大学努力工作时，一个新的任务——重新筹建中国科学院数学研究所这一重任降临到了他的身上。

中国现代第一个综合性的数学研究机构是中央研究院数学研究所。中央研究院虽于 1928 年成立，但由于中国的数学

▷ 华罗庚在不断地研究

研究基础薄弱，直至 1941 年 3 月方经中央研究院评议会通过成立数学研究所筹备处，并设于西南联大。中华人民共和国成立后的 11 月 1 日，中国科学院正式成立。中国科学院成立的最初半年里，曾经分三批接收旧有研究机构，调整为 15 个研究机构和 3 个筹备处。"数学研究所筹备处"的人员名单如下：

主任委员：苏步青

副主任委员：周培源、江泽涵、华罗庚、许宝騄

筹备委员：姜立夫、陈建功、段学复、闵嗣鹤、钱伟长、张宗燧、常迥

从政府对中国科学院的要求及数学研究所筹备处的成员看，未来的数学研究所的蓝图是办成一个以解决国家建设任务为主的数学研究机构。中国数学界很多人都希望年富力强的华罗庚能担当起更多的发展中国数学的领导责任。大约在 1950 年冬，华罗庚即已作为数学研究所筹备处的实际负责人在抓工作了。数学研究所筹备处设在北京文津街。1951 年秋迁入清华园内新址。这是一座二层楼房，坐落在清华大学南校门内不远处。楼后有三排家属宿舍平房。再后面是华罗庚的住宅，是一座单独的平房。以后的数学研究所在这里直至 1956 年冬。然后暂时迁至西苑大旅社一年。1958 年，数学所迁入中关村，与计算所同一大楼。

"三反"与"思想改造运动"

★★★★★

从 1951 年底开始的反贪污、反浪费、反官僚主义的"三反运动"和在知识界开展的"思想改造运动"，是

中国科学院建院以来的第一次大规模的政治运动。这两个运动在科学院差不多是同时进行的。

华罗庚放弃在美国的优厚待遇，毅然回国，正是为了热爱祖国，报效祖国。在1951年2月10日的一篇文章里，华罗庚写道：

"从前帝国主义者不但在经济上剥削我们，在政治上奴役我们，使我国变成半殖民地、半封建的国家；同时，又从文化上——透过他们所办的教会、学校、医院和所谓慈善机关——来打击我们民族的自尊和自信。政治侵略是看得见的，是要流血的；经济侵略是觉得着的，有切肤之痛的；唯有文化侵略，开始是甜蜜蜜的外衣，结果使你忘却了自己的祖先而认贼作父。这种侵略伎俩的妙处在不知不觉之中，有意无意之间，潜移默化地使得我们自认为事事落后，凡事不如人。无疑地，这种毒素将使我们忘魂失魄，失却斗志，因而陷入万劫不复的境地。""实际上我们祖国伟大人民在人类史上，有过无比的睿智的成就，即以若干妄自菲薄的人认为'非我所长'的科学而论，也不如他们所设想的那么空虚，那么贫乏。""现在仅就我所略知的数学，提出若干例证，请读者用客观的态度，公正的立场，自己判断，自己分析，看看我们是否如帝国主义者所说的'劣等民族'，是否如若干有自卑感的或中毒已深的人所说的'科学乃我之所短'。"字里行间充满着对祖国对人民的爱，对帝国主义的恨。

就在华罗庚的文章发表还不到一年，思想改造运动在知识界展开了。运动的开始阶段就采取了群众斗争的"过关"方式。缺乏冷静地、科学地、历史地与实事求是地看问题的某些人，往往使有的科学家检讨三四次也过不了关。这次运动的重点恰好又是那些有名望的著名科学家。华罗庚在数学界首当其冲，他需要在数学研究所筹备处与清华大学数学系的联合大会上屡次做检查，接受情绪高昂的年轻教师与学生的质问。

思想改造运动经历的时间虽然只有半年，但影响却很大，使海外不少向往祖国而尚未回国的知识分子迷惑不解，更加徘徊与彷徨。"不能了解的是华先生抛弃了一切，欲以一腔热心回去奉献自己，竟成一个清算的对象。"一个明显的后遗症是造成了数学家间的不团结。当时一些批判过华罗庚的人，心中有愧，长时间感到心中压抑与不安，有些人向华罗庚道歉了，有的人则疏远了他，相互间产生了隔阂，很难很好地共事。

中国科学院数学研究所

★★★★★

　　1951 年，政务院第六十九次政务会议通过任命华罗庚为中国科学院数学研究所所长。正式建所并取消数学研究所筹备处的日子是 1952 年 7 月 1 日。

　　对于如何在中国发展数学及建立一个什么样的数学研究所，华罗庚早有自己的想法，而且决心为实现他的愿望而作出不懈的努力。针对抗战期间，强调应用、忽略基础研究的现象，华罗庚认为重视应用是对的，但完全忽视基础研究亦是缺乏长远考虑，宜加适当纠正。

　　华罗庚在旅美期间，认真了解与研究了应用数学的情况，特别是电子计算机。直到中国科学院数学研究所成立，并任命他为所长，他多年的梦想才得到了实现。

　　数学研究所成立时，华罗庚广泛地网罗人才。他既注意基础理论研究，又注意到应用数学。但当时数学界对应用数学的理解还很肤浅，往往用"数论是不联系实际的"、"概率统计是联系实际的"等等简单的"贴标签"的办法，将数学分支划分成联系实际与不联系实际两类。在数学界中有一个共识，即微分方程与概率统计是数学联系实际的两大触角，应该优先加以发展。但什么是"实际"？是数学用于其他学科就叫做理论联系实际，还是生产实际才是实际？大家对这个问题的看法是模糊的。1953 年秋，数学研究所最先成立微分方程与数论两个组。成立微分方程组的指导思想就是考虑到微分方程是理论联系实际的一个触角，成立数论组则是考虑到数论是华罗庚的专长，他在数论方面成就卓著，应优先发展。

数学研究所自建所起，即向全国开放，这期间来所工作过的有李国平（函数论）、李修睦（代数）、梁之舜（概率论）、张远达（代数）、钟同德（函数论）、林坚冰（分析）、董光昌（微分方程）、严士健（数论）、任建华（数论）等。

华罗庚决定由数学研究所编辑出版两套专刊丛书：甲种专刊与乙种专刊。甲种专刊是由个人系统的研究工作总结而成的专著，乙种专刊则是对某一数学领域系统的介绍。其目的在于使很多后继的研究工作者可以较容易地进入这一研究领域。华罗庚将他的《堆垒素数论》从俄文译成中文，并根据俄文版出版后的进展，作了改写与补充。在序言中，华罗庚写道："我改写了几章，特别是第五章，我把维诺格拉朵夫院士在 1942 年到 1947 年进一步的创造性的工作及著者 1947 年的工作包括进去。"于是，《堆垒素数论》就成了甲种专刊第 1 号，于 1953 年出版。该书封面上写有"中国科学院数学研究所专刊，甲种，第 1 号"，"中国科学院数学研究所编辑"。接下去出版了甲种专刊第 2、3 号，即苏步青的《射影空间曲线论》与陈建功的《直交函数级数的和》。1957 年出版第 4 号，即华罗庚的《多复变函数论中的典型域的调和分析》。当时中国数学的普遍水平很低，能撰写甲种专刊的人实在寥寥无几，再加上"反右斗争"以后的"左"倾阻碍，注定甲种专刊是搞不下去的。虽然总共只出了 4 本，但决定出版甲种专刊这件事却反映了华罗庚及中国数学家高涨的爱国热情及他们决心尽快地将中国数学发展起来的强烈愿望。华罗庚也筹划了乙种专刊的内容，他邀请关肇直与田方增撰写"赋范环论"，冯康撰写"广义函数论"，越民义与王元等撰写"哥德巴赫猜想"等。由于 1955 年出版了杂志《数学进展》，该杂志需要登载综合性论文，所以关肇直、田方增及冯康的上述著作均先后在《数学进展》上发表。又由于哥德巴赫猜想的研究在我国不断取得突破，但是始终没有写出综合性的文章来，这样，乙种专刊的计划也就事实上终止执行了。

建所初期，全所人员学习哲学与俄文的热情非常高。艾思奇为科学院全体人员开设了辩证法与唯物论课。数学所的人员每次都进城去听艾思奇讲课。全所研究人员几乎都参加过俄文突击速成班学习，即到北大俄文速成班突击学习一个月，强记生字一千多个及学习文法规则。学习结业后再经过几个月自学，主要是阅读俄文书籍加以巩固。全所研究人员经过学习后，基本上达到可以阅读俄文专业书籍与杂志的水平，有些人还能从事将专业书籍由

俄文译成中文的工作。那时
全国掀起了学习苏联的高潮，
取得了重大成绩，但也出现
过一些失误，例如曾经有过
所谓"技术一边倒"的口号，
有的单位甚至停止订阅西方
的学术杂志，幸好中共中央
宣传部及时地纠正了这一错
误提法与做法。但是另一方
面，苏联那种用政治干预学

△ 华罗庚访问苏联（1955）

术，用哲学代替科学的做法不仅没有受到批判，反而加以照
搬仿效。例如在遗传学中将摩根 (C. I. Morgan) 学派扣上"资
产阶级"、"反动"、"唯心主义"、"伪科学"等帽子，禁止加
以研究，强行推行米丘林 (I. V. Michurin) 与李森科 (T. D.
Lysenko) 学派。又如批判化学中的"共振论"与量子力学中
的唯心主义等。苏联的数学确实是居于世界首要地位，而且
华罗庚又很了解苏联数学。由于华罗庚对世界数学的整体了
解与修养及他一贯治学严谨，所以他始终坚持在学术上一视
同仁，既学习苏联的数学，同时也学习西方的数学。正是由
于他的高水平，使数学界特别是数学所在学习苏联问题上所
持的态度是正确的。

　　每逢过年，华罗庚都借赠送贺年片的机会，争取仍留在
美国的中国数学家回国工作。特别他每年都给他的老朋友陈
省身、樊几、徐贤修等寄贺年片。这一工作一直持续到1957年。

　　以后几年是平静地度过的。批判"胡风反革命集团"斗
争未在数学界展开。华罗庚、傅种孙等只是各发表了一个声明，
表示了一下态度。其后的"镇压反革命运动"也是采取群众
批判斗争形式，这个运动未涉及华罗庚。

　　为了全面学习苏联，中国科学院组织了有26人参加的中
国科学院访苏代表团，由钱三强任团长，张稼夫任党支部书

记，武衡任秘书长。代表团员中包括华罗庚、张钰哲、赵九章等人。代表团需要着重了解苏联科学院如何从沙俄时期发展壮大及现在如何领导全苏科学研究的经验、苏联科学的现状及发展方向、中苏两国间的科学交流等。代表团从 1953 年 3 月到达莫斯科开始，历时三个月返回北京。

访苏代表团了解到苏联科学院是由 8 个学部来分别领导所有下属研究所的，并且拥有二百多名很有威望的院士和通讯院士。这对中国科学院有很大的影响。1954 年 1 月 8 日，政务院批准了郭沫若的《关于中国科学院的基本情况和今年工作任务的报告》，同意中国科学院建立 4 个学部。7 月间，以郭沫若的名义发出 454 封信给我国的著名科学家，请他们就自己的专业范围内推荐学部委员。最后确定数理化学部委员 48 人，生物地学部委员 84 人，技术科学学部委员 40 人，哲学社会科学学部委员 61 人，共 233 人。其中数学家 9 人，

▷ 华罗庚为数学竞赛作讲演，这是他在中国数学会举办的报告会上作关于"杨辉三角形"的报告（1956）

他们是:华罗庚、陈建功、苏步青、江泽涵、许宝騄、柯召、段学复、王湘浩、李国平。1955年6月1日至10日,召开了中国科学院学部成立大会。1957年5月23日至30日召开的第二次学部委员大会上,又加聘了21位学部委员,数学所的吴文俊、张宗燧在其中。

自从1953年冬,数论组成立后,华罗庚即亲自领导了两个讨论班,一个是"数论导引"讨论班,一个是"哥德巴赫猜想"讨论班。每周各进行一次。这两个讨论班一直坚持到1956年。

华罗庚在1946年访问苏联时,亲眼见到苏联的数学竞赛活动。数学竞赛前,大数学家为中学教师与参赛选手作通俗演讲,参赛学生在赛场上认真演算,数学家还为中学生撰写普及性的数学读物。凡此种种都使他非常向往。

仿照苏联的模式,华罗庚在1956年倡导在中国举办中学生的数学竞赛活动。华罗庚更注重人才的选拔与培养。

陈景润,1933年生,福建省福州市人,终日刻苦学习数学,如醉如痴,很少与人交往,1953年毕业于厦门大学数学系。毕业后,他被分配到北京四中教书,由于他不适宜教书工作而被辞退。厦门大学校长王亚南为他说情,调他回厦门大学管理图书资料工作。

厦门地处海防前线,时有空袭警报,需到防空洞躲避。陈景润就把华罗庚的《堆垒素数论》撕开,一张张放在身上,走到哪里,带到哪里,学到哪里。真是功夫不负苦心人,水滴石穿,铁棒磨成针。陈景润看出《堆垒素数论》还有地方可以改进。书的第4章,某些三角和的中值定理(Ⅱ)是用华罗庚方法来处理低次多项式对应的三角和的中值公式。第5章维诺格拉朵夫的中值定理及其推论是用维诺格拉朵夫方法来处理高次多项式对应的三角和的中值公式。陈景润发现第5章的方法可以用来改进第4章的某些结果。陈景润把他的结果寄给了华罗庚,华罗庚当即将陈景润的手稿转交数论组的人审阅。经大家确认陈景润的想法与结果是对的。华罗庚得知后很高兴,认为陈景润是一个有想法、肯钻研、有培养前途的青年。华罗庚颇有感慨地对数论组的年轻人说:"你们待在我的身边,倒让一个跟我素不相识的青年改进了我的工作。"原来华罗庚最喜欢有人对他的著作提出意见,指出错误。

华罗庚邀请了陈景润作为代表来参加全国数学论文报告会,陈景润到大会代表的住宿处北京西苑大旅社报了到,负责会务工作的王元立即带他去会见了华罗庚。陈景润是一个平时很少与人交往的人，见到华罗庚更不知道该说什么才好，于是反复不停地说："谢谢华老师！""谢谢华老师！"华罗庚也看出他是一个颇孤僻但能够一心一意做数学研究的人，并不介意，笑着鼓励了陈景润几句话，会见就结束了。

华罗庚在见到陈景润后，就已在盘算着把陈景润调来数学所工作了。他并不介意数学家有些怪僻，他曾说过："当然我们不鼓励那种不埋头苦干、专做嘶鸣的科学工作者，但我们应当注意到科学研究在深入而又深入的时候，而出现的'怪癖'、'偏激'、'健忘'、似痴若愚'，不对具体的人进行具体的分析是不合乎辩证法的，鸣之而通其意，正是我们热心于科学事业者的职责，也正是伯乐之所以为伯乐。"

华罗庚想到自己当初在金坛，又是个残疾人，幸亏唐培经、熊庆来、杨武之、郑桐荪、叶企荪对他提拔与帮助，把他调来清华大学工作，并逐步提拔他，从而才有了今天。厦门大学的条件比金坛初中当然有天渊之别，但厦门毕竟比北京闭塞一些。华罗庚是个穷苦出身的人，他对穷苦人有着本能的同情心，于是华罗庚决定调陈景润来数学研究所工作。

1957 年，陈景润被调来数学研究所任实习研究员。虽然陈景润来数学所时的学术起点比起当年华罗庚进清华大学时的起点高多了，但毕竟还是刚开始做研究，以后的发展如何，实在难以预测。华罗庚曾说过："当初调陈景润来数学所，也就是看重他肯于动脑筋。"陈景润确实不负华罗庚对他的栽培与期望，他来数学所后的工作大有长进。至 60 年代初，陈景润就在华林问题、圆内整点问题、球内整点问题与除数问题上连续取得好成绩。他的工作比起他在厦门时的处女作来，显然是上了一个台阶。

→ 给青年的一封信

★ ★ ★ ★ ★

从 1950 年华罗庚回国起至 1956 年，虽然经历了"三反"、"五反"、"思想改造"的风波，但他看到了中国的进步与兴旺，特别是数学研究所从一无人员，二无设备，白手起家，现在已经初具规模了。大学毕业来所的年轻人，不少人已经作出令人称道的成果，他们成为全国数学论文报告会上最活跃的后起之秀。抚今思昔，怎不令华罗庚感到高兴呢？1956 年 1 月 20 日华罗庚在《中国青年报》上发表了热情洋溢的致青年的信，用数学所的青年的成长来鼓励全中国千千万万的青年们，信中写道：

我们所里有一位年轻同志被分配在一个较薄弱的门类中工作，那里没有强有力的导师，但是经过四五年的努力，去年他写出论文了，质量还不坏。

又有一位青年没有导师，在独立工作着，他偶尔和有经验的科学家讨论问题，后者告诉他一些感性知识及应有的结论，结果这位年轻科学家完成了一篇概括性极强的研究论文。

更不止一位青年，在能力较强的导师领导下，或者写了很多论文，在结果方面有丰富的收获，或者出现了突破难关性的数学论文，这种论文大大地超过了解放前'洋博士'的水平。

有一位青年花了两年的时间才学习了一个方法。经过这样的辛勤锻炼，他终于在老科学家的帮助下突破了一个难关，诚如大家所知道的，难关一破，收获滚滚而来。

另一个青年，草稿纸废了几百张，算来算去花了半年多的时间，终于得出了好结果，在这个过程中，他多次摔倒，不止一次向老科学家说，行不通，攻不破了！但老科学家给他信心，并具体地给他些帮助，最后终于获得了战果。

这些青年或者从"描红"、"临摹"入手，做些依样画葫芦的工作，或从整理资料文献入手，总结前人成就。但不管用哪一种方法，他们搞出了具体贡献。他们有一个共同的优点，就是他们到数学研究所后，就忘我地劳动着。

从这些经验中可以分析出一个要点，就是只要不怕辛勤和艰苦，终会成功的。

1956年1月31日，在周恩来、陈毅、李富春的领导下，召开了制订十二年规划的动员大会，会上宣布了国务院的决定。由范长江、张劲夫等10人负责《规划》的制订工作。不久，正式成立了以聂荣臻为主任的科学规划委员会领导这一工作。

共787名科技人员提出《规划》的最初内容，然后以中国科学院各自然科学学部为基础，集中了400多名科学家进一步综合、平衡。中国科学院的苏联总顾问拉扎连柯也全力投入了《规划》工作。苏联还陆续派来了16位学者到中国来，对《规划》的初稿提意见。《规划》确定了55项科学技术研究的重点任务。在制订《规划》的过程中，周恩来听过多次汇报。

华罗庚始终情绪饱满地参加《规划》的制订工作。

在制订《规划》的过程中，大家深切感到某些新技术是现代科学技术的基础与关键，即无线电、自动化、半导体与计算技术。为了迅速发展这些学科，政府采取了"四大紧急措施"，由中国科学院来负责组织与实施。

首先的任务是建立一批研究机构。1956年7月28日，第二十次院常务会议决定成立计算技术研究所、自动化及远距离操纵研究所和电子学研究所的筹备委员会，在应用物理研究所建立半导体物理研究小组。任命华罗庚、钱伟长、李强与王守武分别为这四个机构的负责人。以后这四个单位即发展成为中国科学院的计算技术研究所、自动化研究所、电子学研究所与半导体研究所。

华罗庚一方面将数学所的计算机研制小组的吴几康与夏培肃调去计算所作为研制计算机的领导人；另一方面，又在数学所内动员一位成熟的数学家冯康去计算所工作，负责领导计算数学的研究及科学计算方面的任务。华罗庚还亲自主持过计算数学讨论班，鼓励石钟慈去苏联学习计算数学。1956年，科学院的力学研究所成立时，数学所力学研究组的成员均转去力学所工作。又由于国防建设的需要，数学所的微分方程专家秦元勋与孙和生亦调离了数学所。对于冯康、秦元勋放弃原有专业，支持新兴的事业，华罗庚是很感谢的。

1956 年 4 月，毛泽东明确地提出"百花齐放，百家争鸣"为发展科学文化事业的基本方针（简称"双百方针"）。科学家对"双百方针"普遍表示拥护与欢迎。中国科学院在贯彻"双百方针"时，特别注意到在学术行政方面，进一步实行了管理的民主化，即依靠科学家来办好中国科学院。凡有重大的问题，一定要在学部的常务委员会或全体委员会议上讨论后再决定。

这个时期，华罗庚意气风发，积极工作。他给青年的一封信及一些介绍学习方法的文章，就是在这种宽松的、蓬勃向上的环境里，怀着将中国的科学事业推向进步的心态的反映。

曲　折

→ 反右运动与"大跃进"

★★★★☆

　　1956 年的兴旺一直延续到 1957 年。1957 年 2 月 17 日，毛泽东在最高国务会议上作了《关于正确处理人民内部矛盾的问题》的报告。3 月 12 日，他又在中共中央全国宣传工作会议上讲了话。这两次讲话都在知识分子中进行了广泛的传达或收听讲话录音。讲话中一再强调"双百方针"的长期性，鼓励知识分子敢于发表意见。华罗庚听了 2 月 17 日的报告。毛泽东在报告中提到了华罗庚，称赞他为没有受过正规高等教育而自学成才的数学家。华罗庚感到很荣幸。

　　但这种"鸣放"为时甚短。1957 年 6 月 8 日，中共中央发出了《关于组织力量准备反击右派分子的进攻的指示》。同日，《人民日报》发表了社论《这是为什么》，全国范围的"反右斗争"从此开始了。

　　就在 6 月 9 日，"反右斗争"开始的次日，《光明日报》发表了中国民主同盟中央委员会"科学规划问题"临时研究组负责人曾昭抡、千家驹、华罗庚、童第周、钱伟长向国务院科学规划委员会提出的一份有关我国科学体制问题的书面意见，即《对于有关我国科学体制问题的几点意见》(简称《意见》)。同日，《光明日报》上还登了一篇短评《为互相监督开拓了新路》。短评中指出："民主党派在参与国事、代表其成员的正当利益、合理要求以及体现相互监督作用等方面，丰富了新的内容，开拓了新的道路。"《意见》成了科技界最大的"毒草"，成了批判的"靶子"。

6月23日,《人民日报》发表了华罗庚的"检查",题为"几点平常的道理"。"检查"分为三段：为什么忘记得这么快；在"反教条主义"的幌子下；不晓得知无不言本身有个界限。

至1958年2月,中国科学院总共定了159名"右派分子",其中在中国科学院工作的学部委员2人,研究员8人,副研究员3人,助理研究员22人,实习研究员72人,其他人员52人。由于当时以张劲夫为首的科学院领导对科学家的保护,所以在科学院里,高级研究人员中的"右派分子"的比例,相对地要低一些。至1980年,科学院的全部"右派分子"均已恢复名誉,属于错案。

华罗庚虽然未被划为"右派分子",但在数学界中总有一个说法："华罗庚是一个漏划右派分子。"他的政治地位就这样在人们心目中被定下来了。

至1958年初,"反右斗争"逐渐告一段落。2月9日,《人民日报》报道了一届人民代表大会五次会议："配合工农战线的大跃进,文化工作必须赶快追上去,强调知识分子应加快改造步伐,促进文化高潮。"

5月5日至23日,中共八大二次会议提出了"鼓足干劲,力争上游,多快好省地建设社会主义"的总路线。这些提法的确是符合广大人民要求尽快摆脱中国贫困落后面貌的愿望,所以人民的热情很高。但这种热情没有和科学态度相结合,于是急于求成,夸大主观意志的作用,并发动了"大跃进"和"人民公社化"运动,更将"总路线、大跃进、人民公社"说成是"三面红旗"。而且还有这样的说法："外行领导内行"是客观规律。据说这是因为每一个"内行"都只懂得一点点东西,必然有片面性之故。这就必然导致了"大跃进"中的另一个致命伤——瞎指挥,其主要后果为违背科学规律,人为地追求高指标,浮夸风盛行,像什么"人有多大胆,地有多高产"、"十二年赶超英国"等等。

中国科学院也和全国一样,在"大跃进"的气候中,研究计划的高指标,一高再高。研究成果的浮夸,一夸再夸,完全破坏了科学研究的正常秩序,损坏了科学工作,造成了人力财力与时间的大量浪费。人的思想也完全被搞乱了。在科学院中,严肃的科学家对这种不科学的浮夸现象是忧心忡忡的,但几乎无人敢发表不同看法,甚至被迫违心地说着假话。5月22日,《人民日报》报道《让科学之花遍地盛开——首都自然科学工作者思想解放,业务跃进》。

报道说：

"数学研究所所长华罗庚提出在十二项数学问题上要在十年内赶上美国；并且要把计算技术、人造卫星、大水坝等各方面提出的一切数学问题完全包下来。该所偏微分方程组的青年干部提出了比华罗庚更先进的指标，认为偏微分方程方面在两年内即可赶上美国。"

华罗庚是一个有成就的数学家，他的讲话本已违心地夸大了，但仍被说成不够"先进"，私下则更有不少年轻人斥他顽固保守。"反右斗争"刚结束，他又被列入"保守派"，真如雪上加霜。

中国科学技术大学

★★★★★

1958年5月9日，中国科学院党组向聂荣臻和中共中央宣传部呈交了中国科学院欲办科大的请示报告，得到周恩来与聂荣臻等人的赞许。6月2日，总书记邓小平批准创办科大。

9月20日，科大正式开学。郭沫若兼任校长，郁文任学校的党委书记。按照"全院办校，所系结合"的方针，科学院的著名科学家吴有训、严济慈、华罗庚、钱学森等均到科大担任校、系、教研室的负责人或亲自教授课。科大培养人才的方针是培养高深的尖端科学技术人才。

数学所给予科大应用数学系（后改为数学系）以大力的支持。华罗庚亲自出任应用数学系主任，亲自给应用数学系一年级学生上课。华罗庚创导了所谓的"一条龙教学法"。他始终认为数学是一门内在的紧密联系的学问，将基础课分成微积分、高等代数、复变函数论等分科来讲授是将数学人为地割裂开来了，所以华罗庚决定将所有的基础课程放在一起教三年。他兴致勃勃地定了一个颇有雄心的计划，即写一部六七卷的著作，将所有的大学数学基础知识都写进去。他确实花了不少时间撰写他的讲义，特别是第一卷的第一章实数与复数，他数易其稿之后才定稿的。在教授过程中，华罗庚还想到尽量将其他学科用得到的数学知识写进他的书中，他在这方面也花了不少工夫。华罗庚的讲义的第一卷分两个分册，是 1963 年由科学出版社出版的。

实际上，在"一条龙教学法"中，很难由一个人讲课到底，还得在华罗庚的统一筹划之下，分头来教。通过教学，对科学研究也有些推动。华罗庚在第一年与第二年的讲课内容，实际上就是微积分、数学分析及其应用，包括实数与复数、矢量代数、函数与图形、极限、微分、微商的应用、函数的泰勒 (B.Taylor) 展开、方程的近似解、不定积分、定积分、积分学的应用、多个变元的函数、带变数的贯、级数及积分、曲线的微分性质、重积分、线积分、面积分、纯量场与矢量场、曲面的微分性质、傅里叶级数、常微分方程组。在这两年中，还开有一门代数课，由万哲先讲授，包括线性代数、矩阵及其应用等。数学系的第三年，华罗庚讲授了复变函数论、高等矩阵论及其应用。

⊙→ 练拳园地

★★★★★

1962 年 5 月，在数学所的研究人员中举行了一次数学基础知识的考试。凡 1953 年以后大学毕业来所工作的研究人员都要参加考试。考题的范围是大学中的"三高"，即高等分析、高等代数与高等几何。考题不难，只要是大学毕业来所工作的中等水平学生，考试及格是没有问题的；个别考题很容易，甚至一眼可以看出解答。当时，考得最好的是吴方、夏启胜与陆汝铃等人，他们几乎得到了满分。但也有个别人员得了几分，甚至零分。这么容易的题目得零分，怎么可以在国家的数学研究所做研究人员呢？在华罗庚及一些数学家看来，将他们调离数学所，分配到一个更适合于发挥他们作用的岗位去工作，既是合理的，而且对这些人也是有利的。另外，将一些优秀的青年数学家加以提拔，以使他们更好地发挥作用，也是研究所的一项正常工作。由于"反右斗争"、"大跃进"，这项工作已有 6 年未曾进行了。于是凡这次考试成绩未满 60 分者不提升，成绩在 60 分以上中的一些人被提升为助理研究员，这次考试的成绩是他们被提升的重要依据之一。另有一些人被调离了数学所，考试成绩太差也是依据之一。

然后华罗庚在数学所设立了一个"练拳园地"，即一块布告板。他带头并号召数学所的研究人员将研究工作中遇到的技巧性的数学问题提出来，张贴在"练拳园地"里，供所里的青年数学家当作练习来做。华罗庚自己首先将他在多复变函数论研究中碰到的代数恒等式与矩阵变元定积分张贴了出来，不少青年人很认真地尝试了这些问题。

→ 离开数学所

★★★★★

1957 年以前，中国科学院的数学研究所与中央研究院的数学研究所相比，除前者来所的大学毕业生由国家统一分配外，就没有多少原则性的差别了。尤其是一切大事均由所长决定，这一点是共同的。1957 年至 1960 年，华罗庚基本上处于挨批判与靠边站的状态。1961 年后，数学所成立了所务委员会，华罗庚要做任何事情都必须通过数学所党的领导小组与所务委员会来进行。虽然华罗庚要做的事一般都得到支持，但亦难免发生意见不同，甚至矛盾与抵触。1964 年数学所的学术委员会在成果鉴定书上要华罗庚签名盖章，便惹起了他的恼火。他说："你们叫我过目，叫我签名盖章干什么？我的私章就放在所里，你们不是已经用了好几年了吗？你们要盖自己盖好了。"可能最使华罗庚恼火的还是他的入党要求，屡屡受阻。数学所不少党员，都认为华罗庚不够入党条件，原因还不止认为他是资产阶级知识分子，华罗庚曾加入过国民党及他在"反右斗争"中的"反党科学纲领"问题等都被认为是严重的政治问题。华罗庚是一个自尊心很强的人，他的要求遭到数学所党组织的拒绝，这就注定他只有一条路可走：卷铺盖。

华罗庚公开要求辞去数学所的所长，转到中国科学技术大学去工作，那时他已被任命为科大副校长。华罗庚的辞职一事闹到了院党委那里。经领导劝说无效，科学院同意将华罗庚的人事关系转到科大，但仍挂着数学所所长这个名，数学所的大事仍要向华罗庚汇报请示。

华罗庚欲辞去数学所所长职务之事，事先一点没有跟他的学生商量过，甚至没有透露过一点意图。他当然不愿意一个人独自离开数学所。据说1964年5月，华罗庚曾写信给科学院领导，表示要将数学所的基础理论研究部分都搬到科大去，在科大成立"基础数学研究所"，那时科大的应用数学系已经改名为"数学系"了，而将现在的科学院数学所改名为"应用数学所"。这一建议未得到科学院秘书长杜润生的批准。于是华罗庚又要求将他在数学所的研究生及数论、代数、多复变函数论组的几个学生调去科大工作。所里同意将华罗庚的研究生都调到科大。但数学所显然不愿意放走其他人，但又不便于作硬性规定。于是由数学所办公室主任郑之辅出面主持召集越民义、万哲先、陆启铿、王元、吴方开会。郑之辅是一个比较爱护知识分子的党的基层领导干部。一方面大家对这件事完全没有思想准备；另一方面，经过"反右斗争"，大家是心有余悸的。若去科大工作，则在将来的政治运动中很可能被戴上追随华罗庚"向党夺权"的"帽子"，但对老师的要求又难以断然拒绝，确实左右为难；另外，数学所的研究工作条件确实比科大优越等等。衡量再三之后，越民义、陆启铿、吴方均表示愿意留在数学所工作，万哲先除表示愿意留在数学所工作外，还表示若一定要他去科大工作，则愿意调离科学院。王元考虑到从1958年开始，他即作为华罗庚的助手在科大一起开课。虽然王元知道去科大工作这种普通工作调动可能产生的"后果"，但从情理上却很难断然作出不去科大的决定，于是表示了"愿意听从数学所领导的决定与工作分配"。这样，除王元一人外，其他4人均仍留在数学所工作，王元则去科大工作，但人事关系仍放在数学所。华罗庚还是体谅他的学生的处境的，但从此以后，他跟王元的交往就格外密切了。

华罗庚去科大后，组织了一个综合性讨论班。每周举行一次，每次由一个人主讲，题目自选，可以讲自己的研究成果，也可以介绍别人的工作。参加者除龚升、王元外，还有陈希孺、殷涌泉及数学系的一些师生。华罗庚大概明白了很多事情，除教书与做研究工作外，他不管学校里的事情。

华罗庚确实花了一些精力学习与思考数学如何直接为国民经济建设服务的问题。当他有了体会时，总是兴致勃勃地讲给他的学生听。早在1957年前，当他学会了制订经济计划的列昂节夫（W. Leontief）的"投入产出法"时，曾很高兴地在数学所介绍了这个方法。据说孙克定、陈锡康等人也听过他的介绍。

△ 华罗庚与学生们在一起。前排左起：潘承洞、陆启铿、华罗庚、陈景润、越民义；二排左起：李之杰、万哲先、吴方、龚昇、王元；三排左起：陈德泉、陆洪文、计雷（1980）

由于这个方法中出现的矩阵都具有非负实系数，华罗庚用非负矩阵的理论来研究这个方法。他写有一个手稿，阐明非负矩阵理论与计量经济学之间的一些联系。

60年代中，在北京举行的科学讨论会上，华罗庚了解到生产管理中制订施工方案的方法：CPM与PERT，并了解到由于用了这些方法曾使"北极星导弹"的研制时间大大地缩短了。这些方法虽然很简单，却很有用处。华罗庚又兴致勃勃地向他的学生介绍了这个方法，并取名为"统筹法"。

差不多在同一时间，华罗庚在北京图书馆的新书架上见到了威尔德 (D. J. Wilde) 的著作《优选法》。其中克弗尔 (J. Kiefer) 的"斐波那契方法"与"黄金分割方法"是用来合理地安排实验，以求出最佳"工艺"的方法，即如何用最少次数的实验以得到"最佳"的工艺。这个方法也是非常简单而且有普遍的使用价值。华罗庚见到这本书后，很兴奋地向他的学生作了介绍。

从1958年开始，华罗庚接触到了矿体几何学与近似分析中的数论方法。显然，这两个方法都不能在中国的工业部门中广泛地推广使用。华罗庚也懂得了线性规划及其在中国的普及应用情况。由于线性规划所需的计算颇复杂，在大范围内推广使用也是难以实现的。他似乎已预见到"统筹法"与"优选法"（简称"双法"）在中国的工业部门中可能有普遍应用的价值。

华罗庚离开了他创建的数学所，只有两个学生龚升与王元及几个研究生在他的身旁。数学所的人才、图书与设备，他都不愿意再使用了。相反的，经过多年摸索，华罗庚已看到"双法"可能会在国民经济部门中普及使用，从而使生产工艺与管理水平得到改善，产量与质量都得到大幅度提高。这样壮丽的前景吸引着他。在华罗庚从事"双法"普及工作之后，他尝到了甜头，经济效益的大量提高使他激动不已，各地领导与群众对他的爱戴与欢迎，使他深受感动。

1965年2月，华罗庚率领科技大学与人民大学师生去北京774厂（即北京电子管厂）搞统筹法的试点工作。由华罗庚亲自宣讲方法，师生分组下车间，边学习边工作。工作进展并不顺利，但华罗庚却从中找到了应用统筹法不成功的原因：统筹法适用于单项工程，特别是对于从头搞起的工程更好。他们在774厂选的课题都不是单项工程，这就是工作不顺利的主要原因。他们经过半年的试点，才有一个小项目试验成功了，这是一个新开工的项目。华罗庚总结这次试点工作不顺利的另一重要原因是：群众路线走得不够。以后，他特别注意把方法直接交到群众手中，形成了被国外称之为"群众运动的普及数学方法"。

在774厂试点还没有结束时，华罗庚碰到了铁道兵副司令员郭维诚。他们在交谈中，华罗庚谈到有个统筹法，引起了郭维诚的兴趣。华罗庚就在郭维诚住房的地板上用粉笔画图，向郭维诚讲解了统筹法的大意。郭维诚当场邀请华罗庚到"三线"去搞统筹法的试点工作。于是华罗庚邀国家科委庞伟华，科大数学系副主任艾提与华罗庚的学术秘书、59级毕业生王柱一道到了成都"三线指挥部"。然后他们转到成昆铁路所属线段，组织当地的工程技术人员与工人一起工作。他们接的工作项目有制订隧道工程与桥梁工程的工程计划。这些工程都是新开工的单项工程，是使用CPM与PERT的典型问题，因此获得了很好的成果。它们工作结束回北京后，华罗庚向薄一波、韩光与范长江作了汇报，得到了他们的肯定与支持。国家科委还决定在科大成立一个

"统筹法研究室"，编制为 20 人。

1965 年，华罗庚在北京友谊宾馆举办了一个"统筹法学习班"。陈德泉与计雷都被称作"联络员"。华罗庚觉得叫他们"辅导员"不好，因为主要还要靠工厂自己的工程技术人员与工人来做工作，所以谈不上辅导，只是向他们介绍统筹法而已。按华罗庚形象的说法："我们是向师傅递一个工具（即统筹法）的学徒。"在这个学习班上，华罗庚已经在酝酿着大规模普及统筹法的办法：先作一个通俗演讲，由泡茶讲起。再做一个作业，在自己的厂里找个问题，由厂里的人与联络员一起做，画出统筹图来。然后进行相互交流，各个厂拿出一个个统筹图，互相观摩学习，以此来扩大影响。华罗庚本人则在宏观上加以指导，并将统筹法向更大的面上进行普及，形成了这样一整套大搞群众运动、普及统筹法的行之有效的办法。华罗庚在以后领导的"普及双法小分队"，多达一百多人。这些人都是联络员，他们来自各省与各单位中有经验且有积极性的人。

这一年华罗庚还出版了根据他在《人民日报》上发表的文章写成的小册子《统筹方法平话及补充》。所谓"平话"即平常讲话的意思。华罗庚寄了一本给毛泽东。毛泽东很快给华罗庚回了信：

华罗庚同志：

来信及平话，早在外地收到。你现在奋发有为，不为个人而为人民服务，十分欢迎。听说你到西南视察，并讲学，大有收获，极为庆幸。专此奉复，敬颂

教安

毛泽东

1965 年 7 月 21 日

这封信对华罗庚来说，无疑是一个极大的鼓励。他将这封信给他周围工作的人与学生都看过。毛泽东在信中不仅对他的工作给予了充分的肯定，并且认为华罗庚已做到"为人

民服务"了。

统筹法研究室成立后，由北京派出一个小组在三线"蹲点"，在点上搞统筹法，陈德泉在这个小组中。另一个摊子则搞大面积的普及工作，他们去过天津、长春、江苏省与河北省的一些地方。他们不管什么行业都去，当然主要还是按预先确定的对象去搞。例如他们到长春，就是看中了那里的仪器行业；到南京，则以搞南京长江大桥的施工计划为主，再扩张到其他各个方面；到石家庄去是为了搞化肥厂里的问题；到天津则去建筑行业；在北京则蹲在仪表局里搞问题。那时计雷在北京地下铁道施工现场普及统筹法。

1966 年 6 月，华罗庚正在南京的农业部门普及统筹法。正在兴头上的华罗庚，忽然接到科大急电，调他回北京参加"文革"运动，至此使已经蓬勃开展起来的统筹法普及工作来了个急刹车。

劫 难

➡ 抄家与批斗

☆☆☆☆☆

　　"文革"的导火线是 1965 年 11 月 10 日，上海《文汇报》发表姚文元的文章《评新编历史剧〈海瑞罢官〉》。将吴晗为响应毛泽东提倡海瑞精神而写的剧本《海瑞罢官》同 1962 年受到指责的所谓"单干风"、"翻案风"联系起来，对剧本作了猛烈的政治攻击，说它是资产阶级反对无产阶级专政这种阶级斗争的反映。

　　1966 年 5 月中共中央政治局扩大会议和 8 月八届十一中全会，是"文革"全面发动的标志。两个会议先后通过的《中共中央通知》(简称《五·一六通知》) 和《中共中央关于无产阶级文化大革命的决定》(简称《十六条》)，以及对中共中央领导机构的改组，"使'文革'的'左'倾方针在党中央占据了统治地位"。

　　《五·一六通知》中有"彻底揭露那批反党、反社会主义的所谓'学术权威'的资产阶级反动立场"。该通知发表后，大字报在各个单位就铺天盖地地贴满了所有的墙壁。数学所的大字报中，首当其冲的就是华罗庚的大字报，无非是把他收藏蒋介石的照片，加入"章罗联盟"及经过数学所党委同意之后做的"考、提、调"等早已做过结论的事又重新翻了出来。但"上纲上线"的调门却比"思想改造"与"反右运动"时大大地提高了。

　　数学所由群众自发选举成立了"数学所文化革命委员会筹备委员会"(简称"文革筹")，由 9 个委员组成。这些人平日在数学所中，都是大家印象较好的青年。当时他们坐了一辆卡车，到华罗庚家，在他家门口贴了两张大字报，并将华罗庚叫出门来，向他宣布："你必须到数学所来参加'文革'运动，接受革命群众对你的批判，门口的大字报不许撕掉。"

1966 年 8 月 20 日，华罗庚被"揪"到数学所来，参加在计算数学所南楼门口召开的批判他的大会。除数学所的人外，计算所与物理所来看热闹者共两三千人，将一个院子挤得满满的。当时数学所的党委在对待华罗庚的问题上是慎重的。有人要在计算所北楼顶上向下挂一幅反对华罗庚的大幅标语，就被党委加以劝阻了。批判会的发言都是事先组织的。"文革筹"的负责人之一将华罗庚的学生越民义、万哲先、陆启铿、王元与吴方召集在一起，要这些人作一个联合发言，并当场指定由万哲先负责起草发言稿，由王元上台讲。发言稿无非是把大字报中的东西重说一遍而已。这在"文革"中，实属小事，连华罗庚本人也早就忘记了，以后亦从未再提起过。但作为学生对恩师的攻击，即使是为了保命亦终究是可耻的。每当想起这件事，王元就觉得无限内疚。大会的主持人很会做事，她说："为了让华罗庚更好地听大家的批判，认真记录，我们叫他坐着听。"于是华罗庚是坐着听批判的。批判会进行了一个多小时。接着叫华罗庚去数学所打扫卫生。那天很热，他把上衣脱了，只穿了一个背心。华罗庚拿着一把长扫帚，扫了一下走廊，纯属象征性的劳动。然后把华罗庚叫到数学所会议室，开了一个小会，约 10 人参加，"训斥"了他一顿，就让他回家了。

华罗庚在科大，一共只待了三年多，除科学研究与教书外，管事不多。所以他的大字报的内容无非是数学所的大字报中的那一套东西而已。据计雷等回忆：一天，华罗庚在科大礼堂门口散步，几个学生把他拉到礼堂内去批判，围观看热闹者共聚集了几十个人，学校保卫部门得知后，立即将华罗庚"保护"起来，将他弄走了。以后再未批判过他。不久，社会上就开始批判由上面派到各个单位去领导"文革"的"工作组"，指责他们执行了"资产阶级反动路线"。差不多同时，社会上出现了"红卫兵"组织，到处"抄家"与"破四旧"。数学所的"文革"运动比社会上的运动总是晚一个拍子。当上述行动在社会上已经如火如荼地展开时，数学所"文革筹"主任才于 9 月中旬贴出了一张"自动罢官"的大字报。"文革筹"也就从此解散了。代之而起的是十几个出身于工人、贫下中农及干部家庭的子弟组成的数学所"红卫兵"组织。

"红卫兵"组织成立后做的第一件事就是立即去抄华罗庚的家。在他们抄华罗庚家之前，华苏所在的学校北京师范大学女子附属中学的"红卫兵"已经捷足先登，到华罗庚家抄过了。数学所"红卫兵"是较克制的，由于华罗庚的长女华顺在中共北京市委工作，那时彭真已被打倒，数学所的"红卫兵"疑惑她与彭真有关系，所以对来往信件特别留意，这是重点要检查并要拿走的材料。凡是涉及与数学有关的手稿与讲义均没有拿。除此而外，"红卫兵"在华罗庚家意外地抄到三样东西：一是在华罗庚书桌的中间抽屉里找到了两颗棕红色的石头小图章，每颗图章的边上均刻有精美的字。一颗上刻的是毛泽东的话："虚心使人进步，骄傲使人落后。"另一颗上刻的是华罗庚的话："聪明在于学习，天才在于积累。"

于是"红卫兵"愤怒地"训斥"华罗庚："你还了得，竟敢把你跟毛主席相提并论，你的野心也太大了！"这是第一个"罪证"。据吴筱元回忆："华罗庚曾收到杭州一个朋友寄来的两颗图章，打开一看，是上面四句话。华罗庚当即说：'这人好糊涂，怎么可以把我跟毛主席相提并论呢？'说完之后，就将图章掷进了抽屉里。唉！当时寄还去，或扔进垃圾箱里去就好了。"第二件是在华罗庚的一个笔记本里找到了一张印着蒋介石的像。这还了得！当追问到华罗庚这张照片的来历时，他确实想不起来了，大概是抗日战争期间夹进笔记本的。这是华罗庚的第二张蒋介石照片，这就成了他"妄图变天"的"罪证"了。第三件则是一个剧本。"红卫兵"拿走这个剧本恐怕纯属好奇心。剧本是描写在 21 世纪，一个老人给他的孙子讲述 20 世纪的事情。据看过这个剧本的人回忆：华罗庚有很高的文采，剧本是为著名电影演员张瑞芳写的。数学与艺术是相通的。张瑞芳的艺术成就高超，特别是她塑造了"李双双"的形象，赢得不少知识分子对她的钦佩。据当事人回忆：所有拿走的材料都经华罗庚看过，并给了他一张收据与清单。

从华罗庚家里抄来的材料拿回数学所后，放在 417 室。连同华罗庚的大字报底稿及"数学所文革材料组"编写的油印稿《打倒反党反社会主义的资产阶级大学阀华罗庚》，编写成小册子《愤怒声讨反动学阀华罗庚》(共 63 页)，另有一个 4 页的摘要，均由铅字排版，各印了几千份。除在北京城内外各处张贴外，还拿到王府井去公开出售，每本 0.12 元。

抄走的华罗庚家的东西，以后都如数还给了他。

华罗庚在不少场合讲过下面的事情："金坛县组织 5000 '红卫兵'，来北京保卫他，为他辩白鸣冤。他看来非发生大械斗不可（可能认为他是后台），他跪求那些同乡'红卫兵'回去，因此未闹成大事。"

这时还发生了一件事：某外国杂志登有华罗庚挨批斗的消息。数学所"红卫兵"曾疑惑数学所有"里通外国"者，将这件事告诉了外国人，着实追查了一阵子。其实公开张贴与出售华罗庚的材料，外国人要得到一份还需要由"里通外国"者来提供吗？

几天后，就是国庆节了。1966 年 10 月 2 日，《人民日报》报道称："毛主席检阅 150 万游行大军。""在天安门城楼上的还有全国人民代表大会常务委员华罗庚。"

据华罗庚本人回忆：毛泽东跟他握了手，还说："华罗庚同志，你来了，好哇！"

这一消息不胫而走，传遍了中国数学界："毛主席保了华罗庚"，"毛主席称华罗庚为同志"。从此以后，华罗庚可以在家过安稳日子了。

→ 周恩来批示

☆☆☆☆☆

早在"文革"初期，"在非常险恶的环境中，周恩来设法取得毛泽东的同意，保护了一批被揪斗的老干部和著名的民主党派人士和专家学者"。

1969 年发布了林彪的"一号通令"。这道"命令"实际上是驱赶人们离开城市的最后通牒。科大被迫决定迁往安徽合肥。为了保护华罗庚，周恩来花费了不少心血，并亲自作了批示。华罗庚在很多场合都表达过他对周恩来的感激之情：

"我永远不能忘记周总理几十年来对我的关心、鼓励和支持，尤其值得怀念的是文化大革命中最艰难的 1970 年。当时，周总理身处逆境，又万务丛集，但他却不顾个人的安危和病体，仍然细微地、尽力地保护我，安排我的生活，关心我们把数学方法用于经济建设的工作。记得一个星期六（应是 4 月 18 日）的晚上，国务院的两位同志奉命向我传达了周总理 1970 年 3 月 4 日的批示：

首先，应给华罗庚以保护，防止坏人害他。

次之，应追查他的手稿被盗线索，力求破案。

再次，科学院数学所封存他的文物，请西尧查清，有无被盗痕迹，并考虑在有保证的情况下，发还他。

第四，华的生活已不适合再随科大去'五七'干校或迁外地，最好以人大常委身份留他住京，试验他所主张的数学统筹方法。

此事请你们三位办好告诉我。"

华罗庚的手稿被盗事件是这样的：1969 年，华罗庚在科大的办公室的门被撬开了，经检查后得知失窃的东西都是一些数学手稿，至少包括以下几份：关于黎曼 ζ - 函数手稿，这是华罗庚在回国以前写的；关于线性规划手稿，这是他在"大跃进"期间写的；关于投入产出法手稿，这也是他在 1958—1963 年之间写的。仅这三份手稿就不下三四十万字。奇怪的是一个没有上锁的抽屉里放着几十块钱，"小偷"却一文未取。以后公安局派人到现场来拍过照，并未发现有指纹。华罗庚曾要陈德泉与计雷注意，到底还有谁有他办公室的钥匙。这个盗窃案件始终未被破案，至今仍是一个"谜"。

周恩来批示中提到的西尧是指刘西尧。从"文革"开始，刘西尧即作为周恩来派驻中国科学院的"联络员"，他是科学院的实际领导人。由于刘西尧在科学院执行周恩来的各项指示，科学院在"文革"中的损失相对于其他文化、教育、科技单位来说是比较轻的。

根据周恩来批示，华罗庚的个人工作关系由中国科学技术大学转到了全国人民代表大会常务委员会。这样一来，华罗庚在组织人事关系上，不仅与科大，也与科学院脱钩了。华罗庚对这一点尤其感激不尽。这实际上就意味着，如果群众再要批斗他，就必须征得人大常委会的同意。

这是否意味着，自此以后，华罗庚在"文革"中可以安稳地过日子了？

→ 重新出山

★★★★★

据华罗庚的助手回忆：1970年4月18日，华罗庚十分高兴地到计雷家。他告诉计雷：国务院今天有两个人来向他传达了周恩来在3月4日作的批示。"听了批示的传达后，心情激动得难以言状"。国务院来的人告诉华罗庚：周恩来有指示，统筹法是要搞的。国务院生产组决定要抓这项工作，生产组的负责人是苏静。第二天是星期日，希望华罗庚于星期一(4月20日)在国务院一些部委的负责人会议上介绍统筹法。

4月19日，华罗庚、陈德泉与计雷在华罗庚家里准备第二天的报告。他们将纸铺在地板上，用墨笔画出一张张的挂图，忙了一整天。4月20日，国务院生产组召集7个工业部的负责人开会，每个部来了3个人。华罗庚在会上向大家介绍统筹法。讲完后，有人提问："你不是还有个优选法吗？为什么不也给大家讲一下呢？"于是华罗庚又向大家介绍了优选法，这是他第一次公开讲优选法。华罗庚用泡茶、折纸等讲解"双法"，使在座的人都听得津津有味，而且觉得"双法"在自己的部门里是有用武之地的。在这次会议上，就有人提出要华罗庚到他们那里去普及"双法"，例如第二汽车厂与二七车辆厂等。

正当华罗庚、陈德泉与计雷到各处联系普及"双法"的时候，他们收到了来自上海复旦大学的一封信，邀请华罗庚到上海去普及统筹法。华罗庚将这封信交给了刘西尧。刘西尧向周恩来作了汇报。周恩来批准华罗庚可以去上海。由陈德泉与计雷先去上海，安排普及"双法"

的选点工作。他们和复旦大学的一个人一行 3 人到处去联系地方"蹲点"。谁知根本找不到一个地方愿意接待他们。这时苏步青正在挨批判,他被关在"牛棚"里,不仅帮不上忙,华罗庚在上海的整个期间,都没有见到苏步青。

华罗庚于 1970 年 6 月 9 日到了上海。他到达时,陈德泉与计雷还没有找到一个试点的地方。于是他们去了上海市革委会的科技组与生产组。生产组介绍他们去上海炼油厂。厂里正好要从事"酚精炼扩建改建工程",要换一个炼油塔。所以他们到达上海炼油厂时,双方一谈就拢,一拍即合。生产组要求工厂 15 天完成这项任务,厂里领导则认为至少需要 25 天才够。华罗庚他们3 人用统筹法制订了工程的施工计划,结果 6 天就保质、保量、保安全地完工了。

华罗庚这次重新出山,是着重要抓普及优选法的试点工作的。他早已成竹在胸。他将陈德泉与计雷安排做优选法问题。他们打算在化工方面先打开一个"缺口"。上海炼油厂有一个"硅片消洗液"的配方问题,经优选法安排试验,很快获得了成功。这是普及优选法所取得的第一个成果。差不多同时,华罗庚又在上海炼油厂做了一项"605 降凝剂"的配方试验,也很成功。这是一项军工任务。本来可以继续进行下去的工作,不幸又遭到了阻碍。华罗庚回忆:"王洪文的把兄弟越发'敬重'我们了,把我们从和平饭店迁到警卫森严的延安饭店,切断了我们与群众的接触,使我们无法进行工作。当时我和彭冲同志在电话中谈到此事时,他马上表示欢迎我们去江苏工作,也受到他们拦阻。最后,还是刘西尧同志到上海我们工作过的现场了解情况,肯定了我们的成绩,告诉他们说我有病在身,应该回京治疗,这样,才得脱身。"

华罗庚等在上海用优选法完成的任务,所需的时间均很短,效果却很显著。华罗庚看出这类生产工艺方面的问题,在工业部门,特别是化工、电子工业部门,应该是大量存在的。这就更加坚定了华罗庚的信念:普及"双法"应该以普及优选法为主。实际上,他在以后的工作中已将统筹法基本上搁置于一边了。华罗庚的决策是对的。因统筹法所处理的问题往往涉及的范围较大,而在"文革"这样混乱的情况下,很难正常施工;再加上华罗庚及其助手只能在画统筹图的阶段参与工作,而较长的施工阶段却不能插手,就只能闲着了。另一方面,优选法处理的问题往往单纯简单,较易做,而且可以与工程技术人员从头到尾一起来做,即从订计划,做试验,到得出好的结果,一竿子插到底。

华罗庚回北京后，将陈德泉派往北京电子工业部门，将计雷派往北京化学工业部门。这时的所谓普及"双法"基本上就是普及优选法了。他们两个人各管一个方面，干得非常痛快。他们有时只要稍微指点一下，很快就能得到结果。他们从1970年11月开始干，到1971年7月，就较好地完成了130多个项目。他们将这些项目的成果都详细地写出书面总结报告。

1971年7月28日，国务院召集17个部委开会。由华罗庚作报告，介绍"双法"。然后北京市化工部门与电子部门的人向大会介绍他们普及"双法"的经验与取得的成果。这样一来，"双法"声名鹊起，不少地方与部门都纷纷表示要华罗庚去普及"双法"。

1972年5月7日，叶剑英约见华罗庚，要他在普及"双法"的时候注意一下军事工业中的问题，特别是军工产品的质量问题。所以华罗庚在以后的"双法"普及工作中设有一个军工组。叶剑英还向华罗庚介绍认识了皮定钧。经皮定钧安排，华罗庚等去了甘肃，又由皮定钧介绍去了福建。

华罗庚首先建立了以他为首的"普及双法小分队"，人员不固定。除陈德泉与计雷外，经常参加者还有他的学生李之杰、那吉生、裴定一、徐伟宣以及徐新红、谢庭藩等。小分队每到一个省，立即到该省的一个工厂或矿山去，把本省及外省来的约200人集合起来，举办一周左右的学习班。除三四次讲课外，都是小组讨论。讨论的内容为如何将"双法"应用于各人自己的工作，或自己工作部门的生产中去。一周以后，学员们即分别奔赴全省各重要工业部门与厂矿。他们与各厂矿的领导、技术人员与工人一起工作。在这个过程中，华罗庚则轮流到全省各主要城市及工厂中去实地考察，及时亲自了解一些成功的经验与失败的教训。然后召集在全省各城市普及"双法"的代表到某一做出突出成绩的工厂或矿山现场来开"现场会"，学习他们有益的经验，以便进一步改进自己的工作。这样一浪推一浪地将工作面扩大起来，又一步跟一步地将工作深入下去。真是别开生面的数学普及工作啊！

考虑到有一些老干部，他们在"文革"中受到了冲击，以至他们的子弟无法在学校里正常地学习；如果他们流落在社会上，万一闹出什么乱子，既影响他们自己，也会影响他们的父母。同时由于学校处于"停课闹革命"，有些干部虽处津要，其子女实质上仍然不能上学。早在1972年，华罗庚的小分队中就陆续将他们吸收进来一起工作。他们中有岳枫、王军、王兵、乌杰、张华山、徐新红、吕彤岩、李钊等。他们在普及"双法"工作中作出了很好的成绩。

在"文革"中，大学与科学院的知识分子进"牛棚"，去干校，受审查，挨批斗。即使是"漏网之鱼"，最多也只能当个逍遥派而已。又有谁能像华罗庚那样一展宏图去从事数学普及工作呢？他果真一帆风顺吗？

→ 明枪易躲，暗箭难防

★★★★★

1973 年 4 月 6 日中国科学院《科研工作简报》第 7 期上发表了题为"数学基础理论研究的一项成就"，概括地介绍了陈景润的工作。新华社据此发表了一条消息，认为是"一项被认为在国际上是领先的新成就"，"是 20 世纪数学的最大成就之一"。中央领导同志看到了这份《简报》后，要求科学院"写一较为详细的摘要"。4 月 16 日数学所将稿子送武衡审阅签发，于 20 日报送中央。

这时，中关村已经流传着所谓华罗庚盗窃陈景润成果事件的风言风语，还传什么有人在中关村暗中调查，写"内参报告"等。最严重的是在数学所全所大会上传达了江青关于陈景润问题的"批示"，其中有一句："谁反对陈景润谁就是汉奸。"这是大意，因找不到"批示"原件，但"汉奸"二字确有。谁又是"汉奸"呢？空气顿时凝固起来了。

华罗庚将王元与吴方找去谈话，大家将当时的情况作了如实的回忆。当时陈景润就是为了塔内问题的工作而调来数学所的。他的工作已在 1956 年"全国数学论文报告会"上公开宣读过，而且报纸上也报道过。华罗庚又如何能"盗窃"众所周知的成果呢？

华罗庚的《堆垒素数论》再版时，是吸收了陈景润的想法，但他已给予了足够的感谢。1957 年，《堆垒素数论》的再版序言中写道："作者乘此机会向越民义、王元、吴方、魏道政、陈景润诸同志表示谢意，他们或指出错误或给以帮助，不是他们的协同工作，再版是不会这样快就问世的。"真是欲加之罪，何患无辞！

1974 年，在"四人帮"的预谋下，开始了"批林批孔"运动。叶剑英约见了华罗庚，向他打招呼："暂时不要出去普及'双法'了。"于是华罗庚与小分队就只好待在家里。7 月 1 日中共中央又发出《关于抓革命，促生产的通知》，批判"不为错误路线生产"等错误口号，并指出要揭发、批判停工、停产的幕后操纵者。自此，这个运动也就逐渐不了了之了。

华罗庚的小分队又可以出来活动了。他们应韦国清的邀请去到广西，接着又到山西普及"双法"。工作开展得如火如荼，取得了一系列显著成绩。陕西离山西很近，山西的工作结束后去陕西继续普及"双法"是顺理成章的事。这时小分队已经接到了陕西省的邀请，并立即到了陕西。

就在这时，科学院的党组织要将小分队管起来。科学院"科技办公室"的某领导，亦是科学院"造反团"的一个领导，亲自跑到陕西。她对华罗庚说，"小分队要回北京去整顿"，"小分队没有党的领导"。华罗庚回答："我们的工作都是在所在省的省委领导下进行的，怎么能说没有党的领导呢？"她又给小分队罗织了一大堆"罪状"。什么小分队到各处去普及"双法"是"用生产来压政治"啦；小分队吸收队员没有通过正规的用人手续啦；小分队中不抓阶级斗争与路线斗争啦。总之，政治上给小分队上纲上线，戴了一大堆"帽子"。另一方面，还散布了不少流言蜚语。什么华罗庚不搞理论啦；什么华罗庚外出要用摩托车开道啦；什么华罗庚游山玩水，花钱太多啦。甚至骂小分队是"王婆卖瓜，自卖自夸"。华罗庚也毫不客气，据理力争，逐条予以反驳。他们互不相让，有时一碰见就吵。据华罗庚回忆：一次，华罗庚碰到她，问道："你爸爸今年多大啦？"她说："60 岁。"华罗庚说："我比他还大 5 岁。"说完掉头就走了。另一方面，有些"革命闯将"的骨子里还很崇洋媚外。有人向华罗庚质疑："有些方法，外国说它对，中国就有人跟着说对，你为什么能看出它的毛病呢？"华罗庚当即写下唐朝卢纶的名诗：

△ 华罗庚在广西深入车间讲解优选法（1974）

> 月黑雁高飞，单于夜遁逃，
>
> 欲将轻骑逐，大雪满弓刀。

然后问他有错否？他说没看出错。华罗庚立刻写下：

> 北方大雪时，群雁早南归，
>
> 月黑天高时，怎得见雁飞？

名诗尚有不科学处，更何况科学方法呢？华罗庚写完就走了。华罗庚的"改诗"却在中国科学界传为美谈。

1975 年 6 月，华罗庚与小分队虽已收到四川省邀请他们去普及"双法"的信，此时也只好吹了。华罗庚与小分队奉命回到了北京。华罗庚明确表示："我服从组织命令，但保留个人意见。"小分队中科学院以外的队员均回自己所属的单位。科学院的队员回北京后，就不许动了。科学院给他们拨了一间房子，要大家学习，组织大家批判华罗庚的资产阶级思想，并与华罗庚划清界限。这种会议根本开不起来，大家不吭声，消极怠工。不但如此，会上还有人说："毛主席说过，华罗庚不为个人，而为人民服务，十分欢迎，怎么解释？"这一反驳还真灵，就把会议给搅了。

小分队在北京"学习"时，华罗庚以人大常委的身份去四川视察工作。在四川时，他亲眼看到四川的工程技术人员与工人已经用"双法"做出了不少成绩，感慨万千！华罗庚回到北京后，小分队的人都不敢去见他。这种状态彼此都觉得不是办法。队员们公推陈德泉代表小分队去见华罗庚。临去前科学院有领导关照陈德泉："不要说什么！"这时华罗庚也在生小分队的气，他完全预料得到科学院领导要他们与自己"划清界限"。但他还是冷静地倾听陈德泉的讲话。陈德泉向华罗庚提了一点意见，表示华罗庚宜对小分队队员多谅解，多关心一点。第二天，华罗庚就送给小分队队员每人一本《数论导引》。这时在京的小分队队员也纷纷表示普及"双法"工作应该搞下去。

1975年9月，华罗庚决定应黑龙江省的邀请率小分队去黑龙江普及"双法"。为了华罗庚的安全，吴筱元竭力阻止华罗庚再出门。这时科学院以外单位继续参加小分队者已经寥寥无几了。回顾去陕西时约有100多人，这次去黑龙江的还不到原来人数的三分之一。华罗庚自然心绪欠佳，他用"聚则成形，散则成气"来鼓励大家。华罗庚仍然去了黑龙江。这时科学院"科技办公室"的某人虽然已被秦力生所代替，无权再来过问小分队的事情了，但仍留了两个人在小分队里，继续去黑龙江捣乱。这两个人是二机部的造反派成员。

华罗庚在哈尔滨时得了心肌梗死病。经过是这样的：一天晚上，大家都去看电影了。华罗庚留在招待所里未去。他感到不舒服，躺在床上，无力叫喊。他就用脚拼命敲打铁床沿。留在招待所的一个女青年服务员听见了响声，推开房门，看见汗流如注的华罗庚，顿时吓得号啕大哭。她立即去找医生，经检查，认定是心肌梗死急性发作，需躺在床上不许动，连大小便亦不能离开床。要转入医院去治疗，也必须有个万全的方案才能挪动。后来，从北京请来了心脏病专家，华罗庚的朋友黄宛及他的长子华俊东医生，经诊断后决定将华罗庚送进医院继续治疗。由于病情危急，华罗庚的小女及长孙也同时赶往哈尔滨探望。

总算幸运，华罗庚脱离险境痊愈了。但经此大病，他的健康已大不如前了。病稍愈，他即写了一封信给毛泽东，汇报了有关"双法"普及工作的情况，并表示他本人愿意"走与工农兵相结合的道路"，愿意"为经济建设服务"的决心。为此华罗庚特意叫华光与华苏将他写给毛泽东的信誊写清楚后寄出，并附有华光与华苏的一封信：

敬爱的毛主席：

这是我父亲在病榻上，给您的信。因他有病写得很草率，嘱我们抄写清楚呈上，并附原稿。

敬祝

健康长寿

华住哈省医院

华光、华苏谨上

1975.10.1

毛泽东在 1975 年 10 月 1 日即作了批示：

退华罗庚同志。

意思很好。大病新愈，宜多休养一时期，待全好后再去较为适宜。

毛泽东

10 月 5 日

1976 年 1 月 8 日，一直关心科学院的周恩来逝世。随后给人们带来希望的邓小平再次受到"批判"。在科学院中，胡耀邦与李昌受到批判。大家忍无可忍了，4 月 5 日爆发了震惊世界的"四五运动"。科学院的人几乎都站在了反对"文革"派的一边，不少人多次去过天安门。一○九厂的群众向天安门献出了代表全院职工心声的诗篇：

红心已结胜利果，

碧血再开革命花，

倘若魔怪喷毒火，

自有擒妖打鬼人。

1976 年 9 月 9 日，毛泽东逝世。

1976 年 10 月 6 日，"四人帮"及其爪牙被捕。

"文革"落下了帷幕。人们盼望已久的一天终于到来了。

春回大地

→ 中国数学会复会

"文革"刚结束，数学所即于 1976 年召集全国各著名大学数学系派代表来数学所商谈"如何恢复数学研究"，数学研究"如何制订各个学科的发展规划"，"如何在全国布局"等等。大家均要求中国数学会尽快恢复活动。数学会应该是一个数学界的群众性团体，它一直"挂靠"在数学所，使它与数学所的关系像是"两块牌子，一个机构"。这也是"左"倾做法的一个奇怪现象。

1977 年 4 月，华罗庚被任命为中国科学院副院长。

1977 年 5 月，华罗庚与数学所多人参加了全国科学大会，数学所获得多项奖励。

数学会从 1960 年在上海举行了第二次代表大会以来，再没有公开活动过。1978 年 11 月 20 日至 30 日，在成都举行了中国数学会年会。实际上，这是"第三次全国代表大会"，但没有挂这块牌子。这次会议的规模是空前的，有几百人与会。共安排了十多个全会学术报告，并设有若干个宣读论文的专业小组会议，例如数论组、函数论组等。小组会上除宣读论文外，还组织大家来批判"文革"浩劫。代表们列举了"文革"中知识分子受到的严重迫害，数学知识被当成了"资产阶级的腐朽文化"而遭到抛弃，以及"知识愈多愈反动"等奇谈怪论，与会者无不义愤填膺。

华罗庚自始至终领导了这次会议。有两件事值得记述：一是有个别人认为在数学会中应建立共产党的组织关系，由党来领导数学会。华罗庚坚决拒绝了这种意见，他坚持数学会是群众性的学术团体，应以开展学术活动为主，数学会会员的党组织关系应该放在自己原属的工作单位。由于中国科学技术协会的领导人裴丽生对华罗庚的支持，群众对"左"的厌恶及经过"文革"后华罗庚空前高涨的威望，他的意见得到了大会的认可。

第二件事是在听了一些论文宣读后，华罗庚以极为敏锐的洞察力注意到，经过长期"左"倾路线及十年浩劫，一些人，特别是青年人，受到不良社会风气的影响与毒害，再加上某些部门急于求成，已出现频繁地要求上报成绩、滥评奖金等不符合科学发展规律的做法，导致了学风败坏。学术界出现的粗制滥造、争名夺利、任意吹嘘等现象，若不及早加以引导与阻止，势必对中国数学的发展带来不可估计的损失。针对这个问题，华罗庚语重心长地向大会提出："早发表，晚评价。"后来他又进一步提出："努力在我，评价在人。"这样简单的几句话，实际上是对科学发展，特别是评价科学工作价值的客观规律的概括，即科学工作是要经过历史的检验，即时间的检验才能逐步地确定其真实价值的。这是一条不依赖于人的主观意志为转移的客观规律。至于奖金、学位、地位，都不过是过眼烟云罢了。

华罗庚轻易不评价学术工作。关于这几句话他当时并未作什么解释。在几年后给领导写的一份汇报中，他才作解释道："我们以往有许多评价太急，在国外造成了不好的印象。实际上好的工作是抹杀不了的，陈景润的工作是如此。""好的工作，国外人家是不会抹杀了的，与其自己这样说倒不如迟10年、20年由人家说去。其实硬着争也是不一定能争得到的，或者干脆就不能争到。""对于人家夸奖的话也应有正确的认识……因为我年纪大了，还在工作，环境不好还在工作，有些是出于同情，有些是出于多年旧交，所以听好话总应该多打些折扣，不要一听到好话就沾沾自喜。"

大会增补了理事，并确定于1979年在杭州召开数学会理事会，选举常务理事。

1979 年 3 月 5 日至 10 日，中国数学会理事会在杭州召开了。华罗庚、苏步青、江泽涵、柯召、吴大任、吴文俊、段学复、程民德、关肇直、吴新谋、张素诚等参加了会议。会议选举产生了数学会的常务理事，并继续选举华罗庚为理事长，苏步青、江泽涵、柯召、吴大任、吴文俊、齐民友为副理事长，孙克定为秘书长。

1979 年 7 月 29 日，科学院办公会议通过新建应用数学研究所与系统科学研究所。10 月 15 日得到科学院领导批准。1980 年 1 月 22 日，科学院下达正式文件通知，以应用数学研究推广办公室为基础扩建成立应用数学研究所，所长为华罗庚。以数学所系统科学有关人员为基础组建系统科学研究所，所长为关肇直。

△ 在全国科学大会上华罗庚和他的学生著名数学家陈景润（右一）、杨乐（左一）、张广厚（左二）交谈（1978）

→ 重访英国

☆☆☆☆☆

1979年3月底,华罗庚应英国伯明翰大学列文斯通(D. Livingston) 教授邀请与柯小英、陈德泉、潘承烈、那吉生一起去英国访问,历时 8 个月,其间还应邀到荷兰、法国与西德访问了一个多月。正如华罗庚所说:"这是我从美国返回祖国后第一次到西方讲学。没有料到,这次出访竟使西方学术界某些人士感到震惊。他们敏感地认为:华罗庚能到西方讲学,这一行动本身就说明新中国的政策有了变化。"

1938 年,华罗庚从英国剑桥大学回国,42 年后他又重访英国,可谓旧地重游,不免感慨万千。他见到了不少故知老友。当年的英俊少年,而今已是白发苍苍。华罗庚除在伯明翰大学作了多次纯粹数学与应用数学的学术报告外,还应邀到伦敦数学会、牛津大学、剑桥大学、曼彻斯特大学等去作报告。他在伦敦数学会的报告题目就是"在中华人民共和国普及数学方法的个人体会"。讲完后,他收到一个教授的来信,信上说:"华教授把数学应用到解决工农业生产的实际问题上,为应用数学闯出了一条新路。"

华罗庚从 50 年代初即离开美国回国,在很艰苦的环境里奋斗了 30 年,更不用说还受过那么多委屈与劫难。他的这种遭遇与精神赢得了广泛的尊敬,其中包括各种不同政治见解的人。据华罗庚回忆:在伯明翰的一次集会上,光临者都是数学界的知名人士。在轻松的气氛中,一位风度翩翩的女学者来到我面前,敬酒攀谈。她突然扬声问道："华教授,你不为自己回国感到后悔吗?"华罗庚回答:"不,我回到自己的祖国一点也不后悔!"华罗庚的回答引来了一片掌声。有一位美国的学者,在荷兰听了我的报告,他是这样写的:"你在安呐本的演讲,是真正令人赞叹不已的。您向大家证明了,好的学者即使是在最恶劣的逆境中,仍然可以做出出色的成绩,您使我们这些生活在安逸和稳定环境中的人们,只能感到羞愧。"这个人我不认识,他给我写了这封信。这说明了什么呢?说明即使是像"文化大革命"这样的浩劫,也不能把我国人民压倒。

华罗庚受到华裔科学家和华侨更多的爱戴和照顾。华罗庚在伯明翰时就住在一个华侨家里。据曼彻斯特大学一个华裔数学家回忆:"我听到华罗庚教授来英国讲学的消息后,冒着大雨从 200 英里外赶来听他的第一讲。因为,我是被华教授从事数学的艰苦经历所鼓舞而选择了数学作为我的终身事业的。二十多年之后,我能见到他,而且听他讲课,我所感到的满足和愉快是可想而知的了。"

华罗庚说,令他感触最深的是:"如今国际上涌现出了一批很有成就的新人,而我国由于'四人帮'的干扰,在数学人才方面也呈现青黄不接的现象,极需多做努力,加以培养。"他沉思片刻后又说:"但也要充分肯定中国数学界在某些领域的成就。正是由于这一点,我对我国数学界能赶上世界先进水平充满信心。"华罗庚的信心来自英国达勒姆举行的国际解析

△ 在英国国际分析数论会议上。右一为王元（1979）

数论大会。

通过对欧洲的访问，华罗庚深刻地领悟到中国的成语"切忌班门弄斧"是要人隐晦缺点，不要暴露，这是教人落后的哲理。他将这句话改成了："弄斧必到班门。"华罗庚每到一个地方去演讲，必讲对方最拿手的东西，其目的是希望得到帮助与指教。他形象地说："你要耍斧头就要敢到鲁班那儿去耍。如果他说你有缺点，一指点，我下回就好一点了；他如果点点头，说明我们的工作就有相当成绩。"

华罗庚在英国时，林海问他回国后的计划和打算，华罗庚说了下面这样一段话："在我几十年从事数学研究的生涯中，我最深的体会是，科学的根本是实。我虽然年近古稀，但仍以此告诫自己。""树老易空，人老易松，科学之道，戒之以空，戒之以松。""我愿一辈子从实以终。这是我对自己的鞭策，也可以说是我今后的打算吧。"

➜ 老同志，新党员

★★★★★

"就在我出席伯明翰大学校园里那次欢送会之前，一个佳音从祖国的心脏北京飞越大洋传到我的耳畔——1979 年 6 月 13 日我被接收为中国共产党党员。"

从华罗庚 1950 年回国，他已认定了共产党是支持发展科学的，他下定决心把他的政治生命和中国共产党结合在一起了。作为他这样声望的人，吃回头草是不可能的。没想到"思想改造"、"三反"、"反右派运动"、"大跃进"，紧跟着"文革"，他受到一次次的挫折。但这些运动并未改变他要加入中国共产党的决心。"我曾于 1963

年和 1967 年多次递交了入党申请书。"

1963 年,华罗庚向科学院数学所的党组织递交了他的第一份入党申请书,遭到关肇直、吴新谋等人的否定,院党委必然也是同样的意见。这无疑是华罗庚要离开数学所去科大工作的主要原因之一。这时可能他已明白像他过去的经历及"反右运动"中的表现,他的入党需要上级党组织来审查决定。

1964 年初,华罗庚读了毛泽东的诗《七律·和郭沫若同志》后,即写信并附有《西江月》词一首给毛泽东,词如下:

> 森森白骨堆中,是俺生身所在。皮囊纵然百般改,积垢依旧深埋。
>
> 妖兴易受蛊惑,风起障目尘埃。勤学毛著脱凡胎,才能入得门来。

词中"才能入得门来"这一句已明确地表达了他的入党要求。毛泽东很快地给华罗庚写了复信:

华罗庚先生:

诗和信已经收读,壮志凌云,可喜可贺。肃此敬颂教祺。

毛泽东

1964 年 3 月 18 日

毛泽东对华罗庚入党要求作了鼓励:"壮志凌云,可喜可贺",使他于 1964 年向科大党组织提出了他的第二次入党申请。其结果与数学所党组织对他的态度一样:科大与科学院的党组织拒绝了他的要求。

1965 年 7 月 21 日,华罗庚又收到了毛泽东的信,信中已将称呼由"先生"改成了"同志"。信中说:"你现在奋发有为,不为个人而为人民服务,十分欢迎。"毛泽东的这封信实际上已经肯定华罗庚的立场转变了,由资产阶级个人主义人生观转到了无产阶级的为人民服务人生观。

"文革"刚开始,1966 年 10 月 1 日华罗庚就应邀登上了天安门城楼,毛泽东称他为"华罗庚同志",这使他鼓起勇气于 1967 年再次向科大党组织提出入党申请,但仍像上两次的结果一样遭到了拒绝。

华罗庚是一个不达目的誓不甘休的人。"1979 年 3 月 25 日我出国讲学前,又一次向党提出了入党申请。我在这份申请书的结尾写道:'虽然现在蒲柳先衰,心颤,眼花,手抖,头发白,但决心下定,活一天就为党工作一天,活一小时就为党工作一小时。''对党,对人民,对祖国起些微薄的作用。'"华罗庚的这次入党要求得到了批准,他多年的愿望终于实现了。

1980 年元旦，华罗庚碰到邓颖超，她亲热地称呼华罗庚为"老同志，新党员"。华罗庚感动万分，多次将邓颖超对他的看法告诉他的朋友与学生，认为这六个字是他一生最好的总结。他想起了他对一二·九运动及昆明学生运动的支持，想到建国初期即从美国回国，想到这么多年来的辛勤劳动，特别想到周恩来在"文革"中对他的保护。邓颖超是很了解他的，亲切地称他为"老同志"，现在终于成了"新党员"了。一股股暖流冲向华罗庚的心房。华罗庚写了词《破阵子·奉答邓大姐》，并附有《党员本色》一首，送北京《支部生活》，请他们转呈邓颖超。

→ 咨询工作

★★★★★

　　1981 年 3 月正式成立了"中国优选法、统筹法与经济数学研究会"，归属中国科学技术协会。至 1981 年底，华罗庚及小分队已到全国 26 个省、市、自治区普及推广过"双法"。广大的工程技术人员与工人已经掌握了这两个方法。他们的工作重心该转移了，即由普及数学方法向国民经济的咨询工作转移。

　　像华罗庚这样著名的数学家，花这么多时间与精力去从事数学在工业生产与管理中的应用与普及工作，是否合适？在社会上，包括学术界，曾有各种不同看法，这是不足为奇的。一些看法的产生，有传统观念的影响，也由于彼此缺乏了解与理解。但数学普及工作绝非易事。华罗庚说："我过去搞纯粹数学，每过四五年就能对一门数学略有所成；现在搞应用数学与普及，搞了这么多年，还觉得未入门呢！"传统观点认为"只有纯粹数学才需要最高智慧的创造性，而数学在实际中的应用是低标准的，真正的科学家不愿去干。华罗庚的工作清楚地表明在现实世界中数学的应用，需要多少最高质量的创造性与智慧力量！""一些人会质疑华罗庚从纯粹数学转到低层次的应用上去是科学的损失。王元不同意这一看法。实际问题永恒地存在与理论问题一样，会给数学家以丰富的源泉。日常生活的问题对纯粹数学家来说亦具挑战性的启发。"看来不同的看法还要继续争论下去的！

华罗庚提出做咨询工作应该注意的事情。例如，他特别强调科技人员要下到生产第一线中去。华罗庚说："在生产第一线学到的东西既生动，又活泼，而从书本上学东西就给我们规定了范围。在生产实践中，给我们增加了更多学习的机会。在两淮，本来在谢家集煤矿是让我们搞选矿的，哪知一看，泥煤比较多，不是选矿的问题，可能是坑道里的炸药用多了，煤炸碎了，这就引我们到矿里了；到矿里一看，雷管不合格，又引我们到炸药厂去了；炸药厂里用的配方规定用岩盐，而我们用塘沽的海盐，这中间又有差距了；用的硝是从附近的化肥厂筹来的，这种硝是不是就符合那种硝的要求呢？也不知道。是不是还要到化肥厂去呢？所以在生产中学习很有好处，有更多机会向大家学习。"又如关于如何管理好生产，华罗庚说："我觉得，从基层起，如果基层管理不好，很难想象全国管理得好。从前有句话：'一链之强，不强于它的一环。'一环断了，整个链子就断了。我们整个工艺过程，一环坏了，整个就坏了。所以，基层的班组都要学会管理方法，这样就好一些了；这样做，就可使计划提前完成，因为一环环扣紧了、加快了，整个就加快了。"

1982年8月，华罗庚第三次去安徽，中共安徽省委及省政府邀请他们对省的重点工业企业省煤炭公司、马鞍山钢铁公司、铜陵有色金属公司、安庆石油化工总厂和宁国水泥厂等提出的一些重大项目与企业规划问题进行研究，结果完成了课题152项。华罗庚等还对内蒙古西部糖业生产的发展规划及湖南资兴矿务局的规划等作了咨询。

经华罗庚等参与论证的大型项目，如两淮煤炭开发规划、准格尔露天煤田开发规划、大庆油田"七五"规划等均付诸实施了。这期间，大庆油田及湖南、内蒙古、河北等省、市、自治区先后聘请华罗庚为他们的高级顾问。中国人民解放军总参谋部亦聘请华罗庚为顾问。

对一个数学家来说，最重要的事情无疑是他的著作的出版。"文革"刚结束，华罗庚就着手出版他的著作。在这方面，西德斯普林格出版社是抓得很紧的。他们的总裁哥茨 (H. Götze) 每次来北京，必然要向华罗庚索取他的著作在其出版社出版。华罗庚让王元参与与哥茨商谈他的著作的出版问题。至1983年，斯普林格出版社共出版了华罗庚的4部书，约2000页。西德驻华使馆还专门举行了仪式将《华罗庚论文选集》送给华罗庚本人，可见对华罗庚学术地位的尊重。按照原来的计划，《华罗庚论文选集》要包括他的代表作《堆垒素数论》与《多个复变数典型域的调和分析》。据说由于这两本书的英文版权属于美国数学会，而美国数学会又不愿意出卖版权而作罢。

1985年4月19日，上海教育出版社在北京科学会堂隆重举行该社出版的《华罗庚科普著作选集》赠书仪式。上海市出版局副局长赵斌向华罗庚赠送了样书。科学院院长卢嘉锡，中国科协副主席裴丽生，中国科协书记处书记鲍奕珊、田夫及中国数学会理事长吴文俊参加了仪式。这一天，华罗庚喜气洋洋，他在北京的子女也都参加了这一盛典。会场前面的大厅里陈列着华罗庚的全部著作。一个数学家能在生前看到他的主要著作的出版是最幸福的了。

到此时为止，对华罗庚来说，还应该做的一件重要事情就是写一个回忆录，把他刻苦自学的经验，坎坷的一生经历写下来，教育鼓励中国年轻的一代。毕竟华罗庚一生的大部分时间都是在中国这块土地上奋斗的。叶剑英曾向华罗庚表示过要他写回忆录。

1982年3月22日，华罗庚致函胡耀邦，除对他说的"要到生产实际中找课题"表示赞成外，还说："1980年1月，曾给党组织写信说明有生之年屈指可数，愿集中力量做三件事：(1)为国民经济服务的数学应用。(2)理论研究（这也是应用的基础）。(3)把十年浩劫期间'偷'、'抄'、'散'的手稿，回忆一些写一些。年复一年，更时不我待矣。"胡耀邦于4月1日给华罗庚回了信。

胡耀邦的信中提出希望华罗庚写个回忆录。华罗庚曾对他的朋友秦文亮说："耀邦同志要我写回忆录，唉！叫我怎么下笔呢？"是啊！他的一生实在太复杂而坎坷，从何下笔？实在难啊！所以这一工作迟迟未能动手。

1985年，华罗庚叫王元去他家里一下。那时他的身体已相当虚弱，卧在床上的华罗庚对王元说："你说过将来要为我写个传，我替你拟了一个提纲，供你参考，你看看行吗？"提纲写在一张数学草稿纸的空白处：

关于他的童年，写者多，不多繁，我仅准备写若干片段与他的数学工作有关的。

①完整三角和，Davenport 忘记了他是 Referee！

② Esterman 的怀疑，改了几个字，这是 Davenport 所谓 Linnik Hilbert 的本源。

③ Tarry 问题。

④ Vinogradov 的影响。

⑤中国近代数学开始影响。

⑥封锁与转变，矩阵几何与 auto.fun.

⑦半自同构与射影几何的基本定理。

⑧ Cartan–Brauer–Hua 定理。

⑨一顿饭的工夫解决了一个问题。

⑩ 50 之后

数论导引

典型群

多个复……

高等数学引论

从单位圆谈起

⑩′ 被王元拉上了一条路。

⑪对青年的关心。

⑫文化大革命，抄家，失手稿，统筹，优选，跑遍全国，在搞应用数学亦思考理论。

⑬ 1980 年 8 月国际数学会议。

⑭不畏艰辛，不知辛苦。

⑭芝加哥数学的报告会。

⑮新老朋友。

其中第⑬款应为 1979 年 7 月 22 日至 8 月 1 日，在英国达勒姆召开的国际解析数论会议。又有两个⑭款相重叠了。还有两个⑩款，但另一个标为⑩′。根据这张纸条，除"文革"所受的迫害，普及"双法"，加入中国共产党及对青年人的指导外，只要将他上面列举的数学工作讲一下就可以了。

有争议的问题就撇开吧！华罗庚还特别关照，不要讲他的童年。实际上，华罗庚很少跟他的朋友与学生谈起他过去的事，尤其是童年的故事。只是在偶然的机会，例如1982年住在稻香楼时，王元、杨乐、张广厚听他在茶余饭后聊起过他的童年往事。华罗庚的提纲正符合他的一贯想法。本来嘛，对于一个百年之后的数学家，人们只需要知道他数学的贡献是什么，不会再有人管他的出身、爱好、经历与荣辱了。除了学问外，一切的一切都是无足轻重的。其实古人早就说过："文章千古好，仕途一时荣。"除了华罗庚写的纸条上的内容外，王元仍然决定写出一些"镜头"，用它来反映华罗庚不平凡与富于传奇色彩的一生，其中也包括他反对写的童年事情。因有些事，他对朋友、学生及报刊记者亦曾亲自讲过，所以，也许算是代他写了一篇"回忆录"吧。

➡ 重访美国

☆☆☆☆☆

1980年8月8日，华罗庚由北京起程赴美国访问，至1981年2月11日离开旧金山途经香港访问一周回国，历时6个多月；除于8月8日至17日参加了第四届国际数学教育会议及9月25日至10月17日作为中国数学家访美代表团团长随团访问外，均为个人访问。中国数学家代表团访美是作为1976年美国数学家代表团访华的回访，代表团成员有程民德、秦元勋、王元、戴新生、丁夏畦、萧树铁、石钟慈、叶彦谦、苏凤林。

华罗庚的个人访问是一种走马灯式的访问，陪同他的有柯小英、那吉生等。华罗庚应邀访问了26所大学，

3家公司，共作演讲38次。由于健康关系，对另外22所大学的邀请，他未能赴约。这次访问属于纯粹数学方面的交流活动。

华罗庚深有感慨地说："在极'左'思潮的干扰破坏下，刚刚开始有了一些基础的研究工作就遭到了破坏，辛辛苦苦刚集合起来，准备向数学前沿冲锋的队伍被打散了。像数学研究所中搞数论的，结果只剩下一个陈景润在那里顶着干，其他的人都转到其他领域，改行了。在'理论联系实际'的口号下，理论研究被否定了(须知没有宽广雄厚的理论作基础，是一定搞不好应用的。我们以后的经验证明，只有广泛深厚的理论基础，才能搞好应用)，人员被遣散了。'文革'中情况，破坏的程度就更加严重，这是大家都知道的。我自己也是十几年不上图书馆，不看文献。我们和世界数学差距拉大了，有些方面甚至和世界数学的前沿脱离了接触，我们反而成了空白，不仅停步不前，而且还倒退了。""一点不多的家底给'四人帮'极'左'思潮搞得大伤元气，更无法挽回的是时间，是年轻的一代。但我不同意我们中国缺少了年轻的一代。年轻的一代存在是客观的事实。不是缺的问题，问题是在浪费了他们的青春。对他们不是放弃，而是尽量挽救，从

◁ 华罗庚和他20世纪40年代在美国的助教、数学家熊菲尔德夫妇相会在美国数学会会场门口（1980）

△ 华罗庚在美国数学大会上作大会报告（1980）

难从严地挽救。因为要补上失去的时间，不从难不从严是补不上的。""我们这次到美国的第一个感觉，就是他们年轻人人才辈出，并且其中不少都是脸皮同我们一样黄，头发同我们一样黑的同胞。""这次很高兴看到许多老朋友也都是桃李成行了。这许多年轻人的成长和这许多老一辈的发展，使我们感觉到：我们中华民族是优秀的，一点也不比其他民族差。只要给他们条件和环境，是能够做出第一流工作的。他们的成就更增强了我们的信心。"

华罗庚到美国，见到很多当年的老朋友。"几十年不见之后，总是爱回顾当年互相帮助、互相切磋、互相交流的情形。甚至于不少地方都是老夫妻俩驾车送几百里，送我们于下一站"。例如贝尔斯 (L.Bers) 与查柯勃生 (N. Jacobson) 等。华罗庚还结交了大量的新朋友。"我们经过了'文革'十年漫漫的黑夜，最初出去时总以为我们的落后要使自己感到羞愧"，"无论是老朋友还是新朋友，对我们在那样的环境下还能做些工作，还能做出一些较好的工作来而感到无比珍惜。他们总是这样来安慰我们：在那样困难的环境下，能搞出像样的东西来真不容易啊"。

在美国期间，陈省身、项武义、丁肇中、林家翘都宴请了中国数学家代表团。当代表团去石溪时，杨振宁正巧不在学校，他留下一封信，对华罗庚表示了欢迎。代表团在普林斯顿高等研究院受到丘成桐的接待，并共进午餐；在普林斯顿大学见到了项武忠；在斯坦福大学见到了钟开莱与萧荫堂。

中国数学家代表团在芝加哥时，曾去参观著名的芝加哥科学技术博物馆。华罗庚没有去，他大概已经知道在数学馆里用不锈钢镶嵌在墙上的在世伟大数学家的名字中有他的名字，所以他不想去露面。代表们在数学馆墙上的 88 个名字中找到了"华罗庚"。当代表团在耶鲁大学时，梯茨 (J. Tits) 正在演讲，题目就是"关于华氏定理"，这是属于矩阵几何方面的工作。代表团在芝加哥大学时，听到库朗尼 (A. Koranyi) 作的"关于华氏算子"的演讲，这是属于多复变函数论方面的研究。华罗庚的成就有这样的影响，代表们均为这个优秀的炎黄子孙而感到自豪。

△ 华罗庚和夫人吴筱元与陈省身夫妇合影（1981）

华罗庚在访美期间，自然会见了他的老朋友唐培经。

华罗庚深深地"感觉到学术交流是十分重要的，交流得越广泛，发展得更灿烂。一切闭关自守的思想不仅阻碍世界学术的发展，而且也使自己缺少了滋取营养、取长补短的重要渠道"。"只有互相往来，通过较长时间的促膝谈心才能使科学交流得更深入，更广泛，更有成效。在美国他们有一个经验，不要'近亲结婚'，也就是一个大学毕业的学生一定要送到其他大学去，在其他大学里经过交流、培养，有时回来，有时就在别的地方发展了。这个方法好，如果学生知道的只是老师的一部分，徒孙又只知道徒子的一部分，这样科学就不可能发展，这样就只能形成许多山头、学阀，还有没有学的'阀'"。

1983 年 10 月，华罗庚应美国加州理工学院的邀请，以杰出访问学者 (Sherman Fairchild Distinguished Scholar) 的身份访问了美国。他于 1984 年 7 月 9 日回国，历时约 9 个月。同行者有华俊东、华光、柯小英、陈德泉、裴定一等。这一次访问是以加州理工学院为"基地"，偶尔出去作些短期访问。华罗庚三次访美，时间跨度是 38 年，他感到对比鲜明。他说："我到美国后，也常有人问我对美国的观感印象。我用开玩笑的口吻回答道：我第一次印象最深的是'热狗'，第二次是'汉堡包'，这一次是'比萨'。'比萨'也是一种快速食品，主食、副食搭配得很科学，连装食品的器皿也可以吃。快餐的发展或许可以说是美国社会进步的一个例证吧。"

华罗庚举这个例子形象地说明了他很欣赏美国人的高效率与创新精神。他说："美国青年思想非常活跃，喜欢思考，勇于求索，是很有希望的新一代。"有一次华罗庚正在看电视转播伊利诺伊州与加利福尼亚州的足球赛，电视字幕上被改成"加州理工学院对麻省理工学院"，大家都被搞糊涂了。后来才知道这是加州理工学院的一个学生开的玩笑，他用自己搞的一个发射装置，把电视台发射的讯号换了。这件事做得虽有些过分，但也反映这位青年是肯钻研，能创新的。替换电视台的讯号，没有一定水平，是办不到的。

华罗庚很欣赏美国人讲效率。他说："美国人重实际，讲效率，少客套，这很值得我们学习。我到洛杉矶时，他们只派了一个司机在机场出口处接我，他举着写了我名字的牌子，我很快看到了他。到住地后，并无什么酬酢活动，但一切都安排得很妥帖。""这样的接待比动不动就一群人前呼后拥好，可以少耗费人力物力。"

华罗庚这次在美国花了不少时间搞应用数学工作。美国贝克脱 (Bechtel) 公司要投资开发我的准格尔煤田，高扬文让华罗庚参加在旧金山的评审工作。华罗庚出了不少主意，他还特地叫陈德泉留在旧金山工作。最后这个项目上马了。高扬文与贝克脱公司特别聘请华罗庚担任中美国际工程公司总顾问。华罗庚还于 1984 年赴深圳参加了该公司的第一届理事会议。

美国 CDC 公司邀请华罗庚到矿业研究中心访问一周，并请他介绍应用数学工作。

洛克菲勒基金会出资邀请华罗庚到小石城访问。1984 年 1 月 27 日，华罗庚以"中国优选法、统筹法与经济数学研究会理事长身份与美国温洛克国际

◁ 华罗庚在美国加州
理工学院会见当地华人
学者、学生（1984）

畜牧研究中心负责人内德·劳姆 (R. Rumon) 签署了双方进行合作的意向书"。可惜这一工作未进行。

在去小石城的路上，"闻到有一股特殊的气味扑进车窗，我就问：'附近是否有造纸厂？'陪同的人惊讶地回答：'是的！你怎么知道的？'我又问：'这一带是否有盐碱化现象？'他更惊讶了：'是的！你怎么猜到的？'其实，我是根据经验得出判断的"。由此可见，多年的"双法"普及工作已使华罗庚的实际知识相当丰富了。

华罗庚在海外华裔心中的威望就更高了，无怪有些美籍华人认为他做了"科学大使"。在加州理工学院的寓所里，一天，来了一个素不相识的台湾青年找华罗庚，并"拿出一本台湾翻印的《数论导引》给他看。对他说：'虽然这本书上没有印你的名字，可我们台湾青年都知道是你写的。'"其实，华罗庚早就知道这件事了。他在谈起这件事时说："没有我的名字实在微不足道，只要我的书有益于台湾的青年学者就好了！"

华罗庚在台湾有一个地位颇高的老友，现在侨居美国。得知华罗庚到了美国，他特地致函并附诗以表思乡之情：

    人生不相见，

动如参与商。

海内存知己，

天涯若比邻。

华罗庚回信时，将诗改为：

参商本一体，

误作两道光。

海内有知己，

天涯易比邻。

这是借物寓情，除表露心情外，也在讲科学道理。在唐朝，人们误认为参与商是两颗星。而现代科学则已证明，参商实际是一颗星。后两句是说："现在，不少知己确实是到海外去了；而在航天技术发达的现代，天涯倒真是很容易成为比邻了。"

推开窗子，蓝天白云，碧波万顷，西岸就是中国。再有几天华罗庚就要回国了，往事如烟，如梦又似醒。1984年7月3日，他写下了《在洛杉矶海边山巅别墅隔窗西望有感》的诗句：

茫茫一海隔，

落落长相忆。

长相忆，

白云掩目苍（沧）海碧。

时光不倒流，

往事何必多回忆。

掌握好今时今刻，

为人类尽心尽力。

身后原知万事空，

人生难得三万六千日。

不珍惜，不落实，

悔何日，空叹惜。

→ 荣　誉

☆☆☆☆☆

1979 年，当华罗庚由英国去法国访问时，他接受了法国南锡大学颁发的荣誉博士学位。一直到这个时刻，他才有了比"金坛初中毕业"更高的学衔。

1982 年，香港中文大学授予华罗庚名誉理学博士。

1982 年，华罗庚当选为美国科学院国外院士，并于 1984 年去美国科学院参加院士会议。他在签名册上用中文签了名。

1983 年 11 月，"在意大利的里雅斯特召开了第三世界科学院成立大会。国际理论物理中心主任、巴基斯坦著名理论物理学家萨拉姆 (A. Salam) 主持了大会"。"在第三世界科学院成立大会上，萨拉姆主任宣读了李先念主席和中国科学院院长卢嘉锡的贺电"，"中国科学院数学研究所所长华罗庚出席了第三世界科学院成立大会，并当选为院士"。

1984 年，华罗庚接受了美国伊利诺伊大学的荣誉理学博士学位。

1985 年，德国巴伐利亚科学院选举华罗庚为院士。

传闻还有不少学术机构准备授予华罗庚荣誉衔，由于他于 1985 年逝世而未实现。作为古稀之年的华罗庚要这些荣誉是没有什么意义了。他和所有的科学家一样，成就须留待后人评说了。"华罗庚的学术成就达到很高水平，他可以被选为任何学术团体的会员或任何科学院的院士"。

➡ 告 别

★★★★★

1980 年左右，华罗庚与吴筱元分开居住了。华罗庚离开位于北太平庄的家，搬到位于崇文门菜市场旁一座高楼的一个单元房。他将华俊东一家接来同住。在这之前的几年，华罗庚与吴筱元之间就有口角。为此王寿仁、王元等曾做过劝解，均无效。华罗庚未说过什么原因。据吴筱元说，她希望华罗庚能专门研究数学，不愿意他到处跑，尤其反感他跟数学界以外的某些文化界人士来往。她整天担惊受怕，害怕华罗庚犯错误、挨整。万一挨了整，将会影响到整个家庭幸福及 6 个儿女的前程。但是华罗庚已不可能像青年时期那样整天坐在凳子上研究数学了，他坐不住啊！吴筱元觉得他变了。"文革"中，华顺一家的悲惨遭遇及 3 次抄家的惊吓，构成了吴筱元的一个永不醒来的噩梦。华罗庚又是一个想干什么就干什么，永不听劝说的人。这样，彼此就很难做到理解、容忍与让步，最后只能使冲突扩大与升级，直到分开居住了。

早在 1980 年 4 月，华罗庚就酝酿了遗嘱稿。见证人是应用数学研究所方伟武。原稿已丢失。据方伟武回忆如下：

关于华老的一份遗嘱稿

在 1980 年春季的一个清晨（星期天），华老叫我去他住处（友谊宾馆），帮他笔录一份遗嘱稿。华罗庚口述了五点，写完之后，华罗庚在立嘱人栏下签了名，并让我在见证人栏下签了名。然后，他让我打电话把其家属叫来，约有五六人到来。让我当众宣读给他们听，读完

△ 在美国科学院院士大会上签名（1983）

△ 在病床上坚持工作（1985）

之后，我让其家属传阅这份遗嘱稿。因当时已经历时约四小时，已较累，我觉得应该是华老与其家属谈话的时间了，就离开了华老的房间。

华老的遗嘱稿共有五点：

1. 我死后丧事要从简，骨灰撒在家乡金坛县的洮湖中。

2. 我国底子薄，基础差，要提倡多干实事、有益的事，少说空话、大话。

3. 发展数学，花钱不多，收益很大，应该多加扶持。

4. 我死后，所收藏的图书及期刊，赠送给数学所图书馆。

5. 家庭生活的一些安排（略）。

当天，我将华老立嘱之事，告诉了当时党委书记潘纯同志。

中科院应用数学所

方伟武

91.

此外，华罗庚还关照过华俊东，要他负责赡养华莲青。华罗庚遗嘱稿中的看法也在同事与朋友中谈过。

1985 年 5 月底，华罗庚与华莲青、柯小英一起来到他怀有深厚感情的清华园。他们在每个地方都看看，他告诉她们，哪些地方他曾住过，工作过，游玩过，依依不舍地看看清华园的一草一木。随后，他们又去看望了在清华大学执教的华苏及她的刚出世两个月的女儿。

1985 年 6 月 3 日，华罗庚率领柯小英、陈德泉等一行乘机赴日本。

东 京

➡ 去东京

华罗庚与他的助手陈德泉、计雷等一行，应日本亚洲协会的邀请定于 1985 年 6 月 3 日到 16 日访问日本。在访问中，只安排华罗庚作一次报告。同行者中还有华罗庚的长媳柯小英。她是一位医生，负责华罗庚的保健工作。

华罗庚到达日本后，受到日本朋友的盛情款待，心情很愉快。他在访问中，一直考虑和准备将要作的报告。这次报告与往常的报告不同。华罗庚在年富力强时常说"好汉不念当年勇"，以此来鼓励自己。过去的成就就让它过去吧！要着眼于现在与未来，要不停地努力。可是这次报告却不同，他是在回顾过去，回顾他从 50 年代开始的后半生工作。这是好的征兆吗？他的体力已经衰竭，他用颤抖的手写了几百个字，字迹歪歪扭扭，文不成句。真像一盏油灯，照亮了大家，已快油尽灯灭了。可是他的思路还是清楚的，他画了一张表，写着"年代、理论、普及"三个栏目，年代下面分四栏，分别写了 50、60、70、80，表示 50 年代、60 年代、70 年代与 80 年代，其中 70、80 栏目中，只写下了"数值积分"与"偏微分方程"几个字。华罗庚口授给柯小英，要她务必按表格的形式，将他的工作写成一张完整的表。柯小英整理好之后，由华罗庚过目认可。

1985 年 6 月 12 日，华罗庚在日本东京大学的报告提纲

年代	理　　论	普　　及
50年代	《数论导引》 《百科全书解析数论分册(Teubner 东德)》 →王元、陈景润 《典型群论》 →万哲先 《典型域上调和分析》 →龚升、陆启铿 　　用 Seminar 的讲稿训练学生，使他们能独立从事研究工作，同时也写出了上面四本书。	写作一些中学生能懂的材料。 　　后来翻阅其他学科中有关数学的内容，找到一些并加以简化。例如，矿藏几何、蜂窝问题、晶体结构等。 　　末期开始了数学应用于国民经济的研究，并认识到单靠书本上的知识不能达到普及的目的。
60年代	为大学数学写了《高等数学引论》。这本书包括了不少其他学科的内容。那些内容适宜于放在高等数学里，用一两页即能说明。 　　开始了应用数论知识求高维积分的研究。 （与王元合作）	为了达到普及的目的，不单是要阅读资料，然后考虑较生动的表达语言，使每个工人都能听得懂，学得会，用得上，能见成效。 　　在生产管理方面，我们选择了统筹方法 (CPM, PERT, …)。 　　在质量管理方面，我们选择了优选法作为普及的材料。
70年代	与王元合作的《数值积分》出版了。 　　为研究生入门写的《从单位圆谈起》也出版了。 《偏微分方程组》 →吴兹潜、林伟 《优选学》出版。	开发应用普及推广统筹法及优选法。到了 26 个省市，上千个工厂，各地印刷了数以百万计的"双法"及成果资料，应用范围遍及各行业。培养了一批骨干，摸索了在中国把数学用于实际的经验，取得了明显的经济效果。 　　由始至今参加工作的有陈德泉、计雷等。
80年代	除了继续普及推广并应用"统筹、优选"之外，并有所发展。 　　把 50 年代后期开始的把数学用于宏观，优化，计划经济的理论上的工作加以重做。这些理论的手稿成于 1959-1960 年，被盗毁于文化大革命期间。在 80 年代觉得这些工作有可能被应用，想把它写出来，但由于事隔 20 年，仅能回忆出一个概况，重新写出的时间竟超过以往的两倍以上，例如我竟花相当长的时间才证明我 60 年代所发现的定理。定理及其应用另见。	

华罗庚的心潮起伏，思绪纷繁。1950年回国后，有多少激动、欢乐、等待、失望、悲伤啊！文化大革命中被抄家，受迫害，手稿丢失，一幕幕都像电影一样，跃然眼前，清清楚楚。6月9日从箱根回到了东京。为了准备报告，他接连两天谢绝了各种活动。愈是安静，精神愈亢奋，情绪愈安静不下来。在这种情况下，也许多参加一些社交活动，多一些吵闹，更能使思绪安静下来，得到好的休息。11日晚上，华罗庚实在无法入眠，他吃了安眠药，才勉强睡了一会儿。

12日下午1时30分，他即离开旅馆，2时到达日本学士院会见日本数学界的院士们。华罗庚将他刚出版的《华罗庚科普著作选集》送给各位院士。院士们也将他们自己的著作送给华罗庚。曾患过两次心肌梗死的华罗庚，这些年来，由于腿的手术过了保险期（保险期为20年），他的病痛日益严重。华罗庚只好坐着轮椅参观了天皇和学士院领导的办公地方，还应日本朋友的要求在留言簿上写下他最后的手迹：

十分荣幸地来访问日本学士院，祝两国科学交流日益繁荣。

日本数学会将华罗庚的学术报告安排在东京大学的一间报告厅里举行。下午4时，在日本数学会会长小松彦三郎（H. Komatsu）的陪同下，手持拐杖的华罗庚满面笑容地走进了报告厅，会场顿时响起了热烈的掌声，一股热流激荡着人心。

在日本数学会会长小松致欢迎词后，华罗庚于4时12分开始演讲。他离开了轮椅，自始至终站着讲。华罗庚用华语讲，由翻译译成日语。华罗庚觉得经过翻译很费时间，效果也不好，他征求会议主席与听众的意见："能不能用英语直接讲？"大家热烈支持。华罗庚改用英语讲后，效果更好了。讲着讲着，他已经满头大汗了。先脱掉西装，接着他把领带也解掉了。他看了一下表，规定的45分钟演讲时间已经到了。华罗庚征求会议主席与听众的意见："演讲规定的时间已过，我还可以延长几分钟吗？"大家报以热烈的掌声。他又讲了十几分钟，总共讲了65分钟。最后，华罗庚说了一句："谢谢大家。"他在暴风雨般的掌声中坐了下来。他的朋友白鸟富美子（F. Shiratori）女士捧着一束鲜花向讲台走去。就在这时，华罗庚突然从椅子上滑了下来。在场的中国和日本的教授及医生惊叫着去扶他，但他紧闭着眼睛，面色由于缺氧而呈现紫色，他完全失去了知觉。

➔ 抢　救

★★★★★

　　在场的日本统计学家田边宏城 (H. Tanabe) 教授及其他人赶紧分头给各急救站打电话，千方百计寻来东京大学心脏病权威杉木教授。杉木到现场后，立即组织抢救，并亲自给华罗庚做人工呼吸与心脏按摩。做了两次心脏按摩后，仪器上出现了脉搏跳动的波形图，华罗庚已经有了一点呼吸。医生们暂停人工呼吸及心脏按摩，进行观察。一会儿，仪器上显出他的呼吸极微弱。医生们又重新开始做人工呼吸。最后决定将华罗庚送到东京大学附属医院继续抢救。

　　晚上 8 时 27 分，三井医生从病房里出来对中国驻日使馆的官员与陪同华罗庚访日的人员说：“从 6 点 15 分起到现在已经两个多小时过去了，我们不停地使用人工呼吸与心脏起搏器，但仍无血液循环，心房也没有收缩力，是否停止一切措施，宣布逝世？”

　　在场的中国人恳求医生不惜任何代价继续进行抢救，例如可否采用动手术或换心脏等措施？三井医生遗憾地说：“东京大学医院的急救部是东京抢救和治疗心脏病最有实力的单位，我们已经尽了最大的努力，已经没有任何可能性把华罗庚教授抢救回来，我们是按照日本惯例来征求家属的意见的。”

　　6 月 12 日晚 10 点 9 分，东京大学医院宣布华罗庚的心脏完全停止了跳动。

　　6 月 14 日上午，华罗庚的遗体被安放在东京大学附属医院的灵堂里，安详地躺在洁白的菊花丛中。日本著

名数学家弥永昌吉 (S. Iyanaga)、吉田耕作 (K. Yösida)、小松彦三郎及日本各界友好人士，还有正在日本访问的康世恩，中国驻日本大使宋之光及专程从中国赶来参加吊唁的杨拯民、鲍奕珊、高天、杨振亚、胡永畅与华罗庚的长子华俊东、女儿华顺、华密及儿媳柯小英等向这位为中国人民奉献了一生的人做了最后的告别。随后，华罗庚的遗体被送往东京的町屋火葬场火化。

6月15日的北京，阴沉的天气，蒙蒙的细雨，阵阵的凉风，初夏的凄凉胜似深秋。载有华罗庚骨灰的专机在下午3时徐徐降落在北京机场。华俊东手捧着父亲的骨灰盒缓缓地走下舷梯时，人们才从恍恍惚惚中醒了过来：

华罗庚已经永远离开我们了。

△ 1985年6月12日下午（去世前1小时）在日本作报告

124

后　记

安　息

　　中国杰出数学家、全国政协副主席华罗庚骨灰安放仪式在京举行，党和国家领导人送了花圈，万里主持仪式，陈丕显致悼词，邓颖超委托王兆国慰问华罗庚家属。

　　本报消息（记者汪东林）：6月21日上午，北京八宝山革命公墓礼堂庄严肃穆，哀乐低回。党和国家领导人及首都各界五百多人在这里举行华罗庚骨灰安放仪式，向这位中国杰出数学家、著名教育家和社会活动家寄托无限的哀思。

　　礼堂的正中悬挂着华罗庚的大幅遗像，安放着覆盖着鲜红党旗的骨灰盒。从礼堂四周一直到大门外，摆放有胡耀邦、叶剑英、邓小平、赵紫阳、李先念、陈云、彭真、邓颖超、徐向前、聂荣臻、乌兰夫等中共中央、中顾委、中纪委、全国人大常委会、国务院、全国政协、民盟中央、中国科学院、国家科委、中国科协、北京市领导机关、江苏省金坛县等单位送的花圈。

　　中共中央政治局委员、全国政协主席邓颖超因故未能出席华罗庚骨灰安放仪式，委托中共中央办公厅主任王兆国在仪式前转达她对华罗庚家属的深切慰问。

　　中共中央政治局委员、国务院副总理万里主持了骨灰安放仪式，中共中央书记处书记、全国人大常委会副委员长陈丕显致悼词。陈丕显说，华罗庚是我国现代史上杰出的数学家，他的名字已载入国际著名科学家的史册。华罗庚也是我国最早把数学理论研究和生产实践紧密结合作出巨大贡献的科学家，他的"优选法"和"统筹法"得到广泛的普及和推广，取得了显著的经济效益，培养了一支为国民经济服务的科普队伍。陈丕显说，华罗庚不仅是一位在困难条件下自学成才的杰出的科学家，而且是一位经历过新旧两个不同时代，从爱国主义者转变为共产主义者的我国知识分子的优秀代表。他顽强拼搏，为四化奋斗到最后一息，实现了他"最大希望就是工作到生命的最后一刻"、为共产主义事业奋斗终生的壮丽誓言。

　　在华罗庚遗像和骨灰盒前肃立的还有：党和国家领导人习仲勋、王震、方毅、杨尚昆、宋任穷、胡乔木、邓力群、胡启立、乔石、刘澜涛、段君毅、程子华、彭冲、朱学范、阿沛·阿旺晋美、严济慈、胡愈之、荣毅仁、张劲夫、郑天翔、杨静仁、康克清、胡子昂、钱昌照、杨成武、陈再道、吕正操、包尔汉、缪云台、费孝通、赵朴初、屈武、马文瑞、茅以升，著名科学家钱学森、钱三强、贝时璋、黄家驷，华罗庚的学生、中年科学家陈景润、王元……他们以极其沉痛的心情，向华罗庚的遗像深深地三鞠躬，并同守护在灵前的华罗庚夫人吴筱元和子女——握手，表示深切的慰问。

在华罗庚逝世后的几天内，治丧办公室收到了国内外发来的近三百份唁电和唁函。其中有外国政府要员、科学家，更大量的来自国内华罗庚生前应用数学亲自去指导过生产的工厂、油田、农村和解放军连队。他们在唁电、唁函中纷纷表示，一定要学习华罗庚热爱党、热爱祖国、热爱人民的思想品质，学习他为科学事业刻苦钻研、顽强拼搏、奋斗不息的精神。不少数学科学界的后起之秀在遗像前挥泪痛悼，决心沿着华罗庚没有走完的科学道路向前走，去完成华罗庚的未竟之业。

（原载 1985 年 6 月 22 日《人民日报》）

/100位
新中国成立以来感动中国人物/

丁晓兵　马万水　马永顺　马恒昌　马海德　中国女排五连冠群体

孔祥瑞　　孔繁森　　文花枝　　方永刚　　方红霄　　毛岸英

王　杰　　王　选　　王　瑛　　王乐义　　王有德　　王启民

王进喜　　王顺友　　邓平寿　　邓建军　　邓稼先　　丛　飞

包起帆　　史光柱　　史来贺　　叶　欣　　甘远志　　申纪兰

白芳礼　　任长霞　　刘文学　　刘英俊　　华罗庚　　向秀丽

廷·巴特尔　许振超　　达吾提·阿西木　邢燕子　　吴大观

吴仁宝　　吴天祥　　吴金印　　吴登云　　宋鱼水　　张　华

张云泉　　张秉贵　　张海迪　　时传祥　　李四光　　李春燕

李桂林和陆建芬夫妇　李素芝　　李梦桃　　李登海　　杨利伟

杨怀远　　杨根思　　苏　宁　　谷文昌　　邰丽华　　邱少云

邱光华　　邱娥国　　陈景润　　麦贤得　　孟　泰　　孟二冬

林　浩　　林巧稚　　林秀贞　　欧阳海　　罗映珍　　罗健夫

罗盛教　　草原英雄小姐妹　　赵梦桃　　钟南山　　唐山十三农民

容国团　　徐　虎　　秦文贵　　袁隆平　　钱学森　　常香玉

黄继光　　彭加木　　焦裕禄　　蒋筑英　　谢延信　　韩素云

窦铁成　　赖　宁　　雷　锋　　谭　彦　　谭千秋　　谭竹青

樊锦诗

图书在版编目（CIP）数据

华罗庚 / 姜辣著. -- 长春：吉林文史出版
社，2012.8（2022.4重印）
（100位新中国成立以来感动中国人物）
ISBN 978-7-5472-1179-3

Ⅰ．①华… Ⅱ．①姜… Ⅲ．①华罗庚（
1910～1985）－生平事迹－青年读物②华罗庚（1910～
1985）－生平事迹－少年读物 Ⅳ．①K826.11-49

中国版本图书馆CIP数据核字(2012)第208396号

华罗庚

HUALUOGENG

著/ 姜辣

选题策划/ 王尔立　责任编辑/ 王尔立 李洁华 任玉茗

装帧设计/ 韩璐

出版发行/ 吉林文史出版社

地址/ 长春市福祉大路5788号　邮编/ 130118

电话/ 0431-81629363　传真/ 0431-86037589

印刷/ 天津海德伟业印务有限公司

版次/ 2012年8月第1版 2022年4月第4次印刷

开本/ 640mm×920mm　1/16

印张/ 9　字数/ 100千

书号/ ISBN 978-7-5472-1179-3

定价/ 29.80元